Theodor Lindner

Anno II. der heilige, Erzbischof von Köln, 1056-1075.

Theodor Lindner

Anno II. der heilige, Erzbischof von Köln, 1056-1075.

ISBN/EAN: 9783743346994

Hergestellt in Europa, USA, Kanada, Australien, Japan

Cover: Foto ©ninafisch / pixelio.de

Theodor Lindner

Anno II. der heilige, Erzbischof von Köln, 1056-1075.

Anno II. der Heilige,

Erzbischof von Köln

1056—1075.

Von

Dr. Theodor Lindner,
Docent der Geschichte an der Königlichen Universität zu Breslau.

Leipzig,

Duncker und Humblot.

1869.

Unter den zahlreichen Quellen, welche über die Geschichte Heinrich's IV. in den ersten Jahren seiner Regierung Auskunft geben, kommen für den Biographen Anno's vor allen die Vita Annonis, die Annalen des Lambert von Hersfeld, das Werk Adam's von Bremen über die Thaten der Hamburger Erzbischöfe, der Triumph des heiligen Remaclus in Betracht; es sei daher gestattet, über diese einige Worte vorauszuschicken.

Die Lebensgeschichte Anno's wurde ums Jahr 1105 von einem Mönch der Abtei Siegburg geschrieben, auf Wunsch des Abtes Reginhard, welcher das Werk nach seiner Vollendung an den bekannten Presbyter Manegold zu Lautenbach schickte, damit er die letzte Feile anlege.[1]) Aber so sehr auch dieser davon entzückt war, so wenig können wir es sein. „Anno konnte keinen schlechteren Biographen finden!" sagt Giesebrecht mit vollem Rechte.[2]) Da das Buch keinen andern Zweck hatte, als die so vielfach angegriffene Heiligkeit seines Helden zu beweisen, so wurde alles mit Stillschweigen übergangen, was nur irgend ein ungünstiges Licht auf ihn werfen konnte; so wörtlich der Mönch sonst Lambert ausschrieb, das alles ließ er weg, was übel gedeutet werden konnte. Kein Wort erfahren wir von der so großartigen politischen Thätigkeit Anno's, nur sein geistliches Wirken, seine Frömmigkeit, die Wunder, die er in und nach dem Leben wirkte, sind mit unerträglichem Schwulste und übertriebenen Farben geschildert. Wir sehen nur den Mönch Anno vor uns, nicht den Fürsten der Kirche und des Reiches. Der Verfasser selbst kannte den Erzbischof nicht mehr persönlich; seine Quellen sind die Erzählungen Reginhards und Ueberlieferungen, die sich im Kloster erhalten, einige Urkunden, Lambert's Annalen, die er meist wörtlich abschreibt, endlich das Annolied.

Die „Maere von sente Annen" ist eins der vorzüglichsten Denkmäler unserer früheren deutschen Poesie; als historische Quellenschrift ist sie freilich ohne Bedeutung; sie macht auch gar nicht den Anspruch, eine solche zu sein. Nachdem man ihre Entstehung lange

---

[1]) Sudendorf Registrum II. p. 41.
[2]) Gesch. d. deutschen Kaiserzeit. II, 576. Dritte Aufl.

Zeit in das zwölfte Jahrhundert gesetzt, wies Holtzmann in einem gründlichen Aufsatze[1]) nach, daß sie bereits im elften Jahrhundert gedichtet und daß ihr Verfasser kein anderer, als der Annalist Lambert von Hersfeld sei. Auch mir erscheint diese Ansicht als die unzweifelhaft richtige,[2]) wenn ich auch den zahlreichen Gründen Holtzmann's keinen wesentlichen neuen hinzufügen kann. Doch sei es mir erlaubt, eine kleine Notiz über die Geschichte des Textes zu geben. Hoffmann von Fallersleben und Bezzenberger bezweifelten, daß Opitz das Gedicht wirklich einer Handschrift der Rhediger'schen Bibliothek in Breslau entnommen habe. Schilter in seinem Thesaurus antiquitatum Teutonicarum sagt es indeß ausdrücklich; Opitz bezeugt gleichfalls, daß er den Breslauer Codex des Williram gekannt und benutzt habe. Das Titelblatt des letzteren giebt als Inhalt des Codex ferner an: Rithmus de sco Annone theutonice compositus et versus de sacramentis; man darf also mit Sicherheit annehmen, daß Opitz das Annolied hieraus entnommen. Dieses nebst den Versen über die Sacramente fehlen nun. Indessen verräth keine Spur an dem Buche, dessen Einband Namen und Wappen der Rhediger trägt, daß irgend etwas herausgeschnitten sei; daher meinte Bezzenberger, dem Codex habe das Lied bereits gefehlt, als es in den Besitz des Thomas Rhediger gelangte, Opitz sei also an dessen Entfremdung unschuldig. Aber noch lange nach dem Tode ihres ersten Besitzers wurden die Bücher der Bibliothek mit dem Einbande versehen, den er anzuwenden pflegte: weiße Pergamentschaale mit goldenem Wappen und Titel; der dazu gebrauchte Stempel befindet sich noch auf der Bibliothek. Es mag also auch der Williram-Codex, nachdem seine Zuthaten von Opitz entfremdet waren, erst später gebunden worden sein. Dennach ist noch immer die Hoffnung vorhanden, daß die Handschrift des Liedes irgendwo noch einmal auftaucht. Denn Opitz's Hinterlassenschaften sind nicht verbrannt worden, wie man vielfach meinte, da er in Danzig der Pest erlag; seine Bibliothek, in der sich viele Manuscripte befanden, wurde verkauft und gelangte in verschiedene Hände.[3])

Die wichtigsten und ausführlichsten Nachrichten über Anno verdanken wir dem Annalenwerke des Lambert von Hersfeld. Herkunft und Lebensschicksale des Mönches sind uns völlig unbekannt, aber so viel geht aus dem Annoliede, das wir ihm eben zusprachen, und noch mehr aus dem Geschichtswerke hervor, daß er eine für seine Zeit überaus umfassende Bildung und Gelehrsamkeit besaß und ein Mann von nicht unbedeutendem Geiste war. Sein Stil steht unter den Geschichtsschreibern des elften Jahrhunderts fast einzig da, mit man-

---

[1]) in Pfeiffer's Germania 1857.
[2]) Auch Gfrörer: Papst Gregor VII. und seine Zeit VII, 473 ff. theilt sie, ohne sich auf weitere Gründe zu stützen, als seine innere Ueberzeugung.
[3]) Vgl. den Brief des George Preutten bei Lindner: Umständliche Nachrichten von dem weltberühmten Schlesiers Martin Opitz von Boberfeld Leben, Tod und Schriften. Hirschberg, 1740. II, 75 ff.

nigfachen Redeblumen ausgeschmückt fesselt seine Darstellung dennoch durch Eleganz und Lebendigkeit. Aber diese Vorzüge Lamberts waren es, welche der Kritik lange die Augen blendeten, die mit der schönen Form auch den Inhalt ohne zu zweifeln annahm. Erst Ranke (Zur Kritik fränkisch=deutscher Reichsannalisten) und Floto (Kaiser Heinrich IV. und seine Zeit) versetzten dem Glauben an die völlige Unparteilichkeit und Zuverlässigkeit Lamberts, die ihm noch Stenzel nachrühmte, einen gewaltigen Stoß. Im diametralen Gegensatz zu ihnen steht Gfrörer. Nach ihm ist Lambert im engsten Verkehr mit Anno von Köln, wird in seiner Darstellung von ihm wesentlich beeinflußt und erhält sogar durch den Erzbischof aus dem kölnischen Archive die nöthigen Mittheilungen, soweit es diesem gut scheint. Diese Ansicht führte den Geschichtschreiber Gregor's VII. zu den absonderlichsten Schlüssen über die ganze Zeitgeschichte; Lamberts Buch wird in seinen Händen zur Wachspuppe, welche die ihrem Interpreten beliebige Gestalt annehmen muß. Aber Lambert schrieb erst mehrere Jahre nach Anno's Tode, es konnte demnach eine Beeinflussung, die in der Art, wie sie Gfrörer annimmt, überhaupt undenkbar ist, gar nicht stattfinden. Giesebrecht, so sehr er öfters den Ranke'schen Ausführungen beipflichtet, legt dennoch dem Hersfelder Chronisten das größte Gewicht bei und folgt ihm in den Hauptsachen meist unbedingt.[1]

Als dieser die Vermuthung aufstellte, Lambert sei möglicherweise auch der Verfasser des „Heinrici regis bellum contra Saxones heroico carmine scriptum",[2] dachte er wohl nicht daran, eine wie große Beeinträchtigung er damit der sonstigen Glaubwürdigkeit seines Lieblinges zufügte. Und ich muß gestehen, daß die Richtigkeit der Giesebrecht'schen Vermuthung mir bei eingehender Beschäftigung mit dem Anonymus immer einleuchtender wurde. Die Zweifel, die Pertz früher gegen die Echtheit des Gedichtes überhaupt aussprach, sind nun nach den Ausführungen von Floto, Waitz und Giesebrecht als völlig widerlegt zu betrachten; abgesehen von allen andern Gründen lehrt die ganze Auffassungsweise, der ganze Inhalt des Gedichtes, daß es nur entstanden sein kann unter dem unmittelbaren Eindrucke der ersten Siege über die sächsischen Rebellen, als die trüben Schicksale, die in der allernächsten Zeit über Heinrich hereinbrachen, noch in das Dunkel der Zukunft gehüllt waren. Wer hätte auch Anfang des sechzehnten Jahrhunderts ein Interesse daran gehabt, gerade diesen Theil der Geschichte Heinrich's IV. durch ein Gedicht zu verherrlichen; eine solche Vermuthung könnte eher Platz greifen, wäre es sein Sieg über Gregor gewesen. Der Inhalt des Gedichtes bekundet eine auffallende Uebereinstimmung mit Lamberts Schilderungen in den Annalen, indeß finden sich doch manche Verschiedenheiten. Ueber den

---

[1] In den „Quellen und Beweisen" zum dritten Bande der Geschichte der deutschen Kaiserzeit. Vgl. desselben Abhandlung: Ueber einige ältere Darstellungen der deutschen Kaiserzeit. München, 1867.
[2] a. a. O. S. 1015 ff.

Kampf um die Heimburg und ihren Fall durch Bestechung schweigen die Jahrbücher ganz, vielleicht aus Parteilichkeit für die Sachsen; der Kampf der Harzburger mit den Goslarern, die Gerstunger Unterredung, die Erbauung des Kastells gegenüber der Harzburg sind anders geordnet; warum hätte ein späterer Dichter, der wie Pertz meint, Lamberts Bericht als Grundlage nahm, gerade darin von seiner Quelle abweichen sollen, der er sonst oft in den kleinsten Zügen folgt? War dagegen ein Mann der Verfasser beider Schriften, dann haben diese Abweichungen nichts auffallendes. Wir wissen zudem, daß Lambert vor den Annalen und der Geschichte des Klosters Hersfeld ein heroisches Gedicht über seine Zeit geschrieben hatte, daß man ihn beschuldigte, darin der Wahrheit wenig die Ehre gegeben zu haben.[1]) Der Anonymus verspricht ebenfalls ein weiteres Werk über die Geschichte seiner Zeit, das manche Punkte, über die er schnell hinweggeilt, aufklären soll.[2]) Eine merkwürdige Uebereinstimmung! Entscheidend müssen bei sobewandten Umständen Gründe sein, die vom Stil, von der Ausdrucksweise hergenommen sind. Giesebrecht macht darauf aufmerksam, daß gleiche Flüssigkeit und Lebendigkeit der Rede sich hier wie dort finde, daß hier wie dort die gleichen Lieblingswendungen auftreten. Einige führt er an, das nec mora, funduntque fugantque und das auffälligere fasque nefasque. Das Verzeichniß läßt sich leicht vermehren. Mit Vorliebe gebraucht Lambert das Wort temptare in mancherlei Bedeutungen, ganz ebenso der Anonymus, bei dem es sich unzählige Male findet. Sehr oft hat ersterer das Wort concitus ruit oder venit, letzterer p. 35 concitus in bellumque ruit. Den Plural von ira wenden beide gern an, z. B. Lamb. irarum plenus, spirans irarum; der Anon. p. 33 colligit iras; caede cruentare bei Lambert p. 227 u. öfters, beim Anon. p. 31 etc.; die Häufung dreier Synonyma ist bei beiden überaus oft zu finden.[3]) Die vielfachen gleichen Wendungen bei Beschreibung der Schlacht an der Unstrut will ich nicht urgiren, aber auch anderweitig finden sich ganz übereinstimmende Stellen, z. B.

Lamb. p. 242: fama tam atrocis facti totam ilico replevit urbem
Anon. p. 33: facti fama volat totum regnumque replevit.

Lamb. p. 239: ruptis pudoris frenis in omne quod animus suggessisset flagitium praecipitantior ruebat
Anon. p. 32: et ruit effrenis, quo se tulit impetus amens.

---

[1]) Lambert sagt in der erhaltenen Vorrede zur Hersfelder Geschichte (M. G. Scr. V, 137): Ad hoc me incendunt studia rerum moderno tempore gestarum, quamquam sciam me ad has describendas minus idoneum. Quas tamen plerasque pro opibus ingenioli mei heroico metro strictim comprehendi. Sed quoniam relata ab aliis ab aliis refelluntur et in versibus plura falsa pro veris scripsisse accusor ... etc.
[2]) Bei Goldast: Apologiae pro Henrico IV. Hanoviae 1611. p. 27: Hoc alias patefit, mihi vita salusque supersit.
[3]) Anon. p. 35, 37, 25. Lamb. p. 224, 225, 227, 164 etc.

Lamb. p. 189: innocentes op-
primebantur, pupilli et viduae
diripiebantur, monasteria et
ecclesiae vastabantur

Anon. p. 20: Ecclesias spoliant,
viduis sua diripiebant, pupillos
miserosque premunt.

Kurzum, fast mit Gewißheit darf man Lambert' das Carmen zuschreiben. Wie bedeutend steht er nun in unsrer Literaturgeschichte da als Verfasser des Carmen, der freilich verlornen Geschichte von Hersfeld, der Annalen, des Annoliedes; wenn er, wie Holtzmann behauptet (a. a. O.), auch noch identisch ist mit dem Pfaffen Lamprecht, dem Dichter des Alexanderliedes, so haben wir da eine vielseitige schriftstellerische Thätigkeit, die uns mit der höchsten Achtung vor der Begabung des Mönches erfüllen muß.

Weniger günstig ist obige Ermittelung für den Glauben an Lamberts Zuverlässigkeit; ein Geschichtschreiber, der seine Ansicht binnen wenigen Jahren so total ändert oder gar fähig ist, ein und denselben Stoff von der entgegengesetzten Gesinnung aus darzustellen, ist meiner Ansicht nach von vornherein gerichtet. Der Trieb zur Wahrheit ist in dem Mönche nicht stark genug, um ihn vor bewußter Entstellung zu bewahren.¹)

Freilich glaube ich, daß Lambert seine wahre Anschauung in den Annalen niedergelegt hat; seine ganze Sinnesart ist eine durchaus mönchische, von der Luft des Klosters befangene, wie Ranke so trefflich hervorhebt.²) Nur zuweilen blickt ein geheimes Behagen an kühnen Waffenthaten hervor, gern schildert er Kampfesscenen ausführlich, seine Vorliebe für Otto von Nordheim scheint zum guten Theil in der Freude über dessen Tapferkeit ihren Grund zu haben; und Heinrichs Unerschrockenheit preßt dem Mönche wider Willen hohes Lob ab (p. 249). Aber wenn er im Gedichte seiner Gesinnung Zwang anlegte, so läßt er ihr in dem Geschichtswerke ungehindert auf Kosten der Gegner die Zügel voll schießen. Es ist eine absichtliche Entstellung, wenn er über Rudolf's und seiner Anhänger Sünden so leicht hinweg schlüpft, die Heinrichs und seiner Freunde mit Sorgfalt ausmalt und vergrößert. Mit vollstem Rechte erklärt Ranke, das Buch sei geschrieben, um die Wahl eines Gegenkönigs, die Entsetzung Heinrich's zu rechtfertigen.

Allerdings wird man nicht überall eine absichtliche Entstellung annehmen dürfen, auch andere Geisteseigenschaften des Autors haben nachtheilig auf die unbefangene Wahrhaftigkeit der Darstellung eingewirkt. Vor allen die Neigung, recht lebhaft auszumalen und zu übertreiben, die allenthalben hervorbricht; die dichterische Begabung

---

¹) Der schnelle Gesinnungswechsel hat nichts auffallendes, wenn man bedenkt, daß bis 1075 das Kloster Hersfeld, in dem Heinrich IV. oft verkehrte, durchaus königlich gesinnt war. Da konnte der Dichter keine andere Ansicht aussprechen, als sie im Gedichte hervortritt.

²) Lambert selbst sagt: nos utpote monasterii carcere inclusos nec hominum expertos nec valde curiosos.

und Beschäftigung Lamberts mag hieran Schuld tragen. Wenn man das Werk flüchtiger durchliest, ist man geneigt zu glauben, daß der Verfasser stets auf das beste müsse unterrichtet gewesen sein, so genau gehen seine Angaben in's Detail bei Dingen, die sicher nicht in die allgemeine Oeffentlichkeit drangen; aber sieht man genauer zu, so findet sich meist, daß Lambert die Grundzüge der Ereignisse, die er in Erfahrung gebracht, weiter ausmalt, wie er mit seiner lebhaften Phantasie sich den Verlauf dachte. So entstehen denn nicht selten Widersprüche und Ungereimtheiten, wie sie schon Floto mehrfach nach= wies. Wir werden im Laufe der Darstellung auf einige derartige Punkte zu sprechen kommen.[1]) Gerade die Breite und Genauigkeit der Darstellung muß öfter Verdacht erwecken. Und dazu kommt, daß Lambert selbst nicht gerade der kritischste Kopf war, er nahm die Nachrichten, wie er sie erhielt; aus welcher Quelle sie stammten, scheint ihm gleichgiltig gewesen zu sein. So finden sich denn Er= zählungen bei ihm, die auf den ersten Blick sich als Fabel ent= puppen, z. B. die Geschichte über Robert den Friesen. Der Volks= mund ist ja stets geschäftig, für Ereignisse, deren tieferen Zusammen= hang er nicht kennt, sich selbst einen solchen zu schaffen, so sonderbar er auch oft sein mag, oder geringe Dinge in's ungemessene zu vergrößern; aber solch' müßigem Geschwätz sein Buch zu verschließen, war nicht des Mönches Art. Daher stammen u. a. die Fabeln von des Königs Lastern, seinen Plänen gegen die Sachsen 2c. Und er war wenig bedacht, selbst da genauere Nachrichten einzuziehen, wo er sie mit Leichtigkeit erhalten konnte: Burchard' von Halberstadt läßt er durch Cadalus das Pallium ertheilen; wie bequem konnte er sich da in der nächsten Nachbarschaft eines besseren belehren. So stoßen wir vielfach auf Ungenauigkeiten; die italischen Nachrichten sind fast sämmtlich falsch und sorglos niedergeschrieben, aber auch in so manchen Punkten der deutschen Geschichte, wo wir seine Angaben näher prüfen können, erweist er sich als unzuverlässig.[2]) Es ist charakteristisch für Lambert, daß er bei seiner Hersfelder Geschichte, deren Auszug uns bewahrt ist, verschmähte, die reichen Urkundenschätze des Klosters zu verwerthen; die ältere Zeit behandelte er flüchtig, um sich mit Vor= liebe seiner eigenen zuzuwenden, wo er seinen Gedanken freier den Lauf lassen konnte.

Mit besonderer Vorliebe preist Lambert den kölnischen Bischof, „die kostbare Perle, bestimmt für das himmlische Diadem." War der doch ein gewaltiger Gegner Heinrich's IV. gewesen, hatte er doch zahlreiche Klöster gestiftet und sich dem Mönchsthum ganz ergeben gezeigt. Daher weiß Lambert über ihn nur gutes: wo er ja un= günstiges zu berichten hat, thut er das leise darüber weggehend und vertuschend, z. B. bei Anno's Reise nach Rom im Jahre 1070.

---

[1]) Z. B. bei Gelegenheit der Ereignisse des Jahres 1073.
[2]) Man sehe Ranke a. a. O.; häufig auch Giesebrecht in den Beweisen zum III. Band.

Des Erzbischofes Antheil an dem Kölner Blutbade deutet er nur zweifelnd an, die Usurpation des Klosters Malmedy rechnet er weniger Anno, als dem Könige und Adalbert zu.

Man sieht, mit wie großem Bedachte und prüfendem Blicke man die Nachrichten Lamberts aufnehmen muß. Trotzdem ist er und bleibt für die erste Zeit Heinrich's IV. eine Quelle von unschätzbarem Werthe; wie oft sind wir auf ihn allein angewiesen!

Eine unbefangenere Würdigung Anno's giebt Adam von Bremen, der nur leider den allgemeinen Reichsangelegenheiten weniger Beachtung schenkt. Niemand kann den Bremischen Magister der Parteilichkeit zeihen, von Herzen verehrt er Adalbert, und doch wie schonungslos urtheilt er über ihn, um nur der Wahrheit die Ehre zu geben. Und er war ein verständiger Mann, der ruhig prüfend die Verhältnisse betrachtet, sich überall seinen klaren Blick bewahrt. Seine Stimme über den großen Rivalen seines Erzbischofes ist demnach von höchster Bedeutung, so wenig sie auch übereinstimmt mit dem allgemeinen Strom des Lobes, der sich schon damals über Anno ergoß.

Mit noch ungünstigeren Farben als der vorgenannte schildert der Verfasser des Triumphes des heiligen Ranaclus den kölner Kirchenfürsten; natürlich, daß Gfrörer und seine Gesinnungsgenossen den Bericht als lügnerisch verwarfen. Wir wollen uns nicht in einen Streit darüber einlassen, ob die Wunder, die der heilige Leib in Lüttich verübte, wirklich echte waren (der Zweifel daran ist die Grundlage der Gfrörer'schen Kritik a. a. O. II, p. 272 ff.) — jeder kennt ja den unlöslichen Zusammenhang von Glauben und Wunder. Aber so weit wir dem Verfasser nachgehen können, erweist er sich in allen Punkten als überaus genau und sorgfältig, seine Zeit- und Ortangaben stimmen stets vortrefflich. Das ist von vornherein geeignet, großes Zutrauen zu erwecken, welches der Triumph um so mehr verdient, als in wesentlichen auch andere Quellen die Vorgänge in derselben Weise berichten. Das Buch wurde außerdem bald nach 1071, noch zu Anno's Lebzeiten geschrieben, hatte sich demnach vor Entstellungen und Erfindungen zu hüten.

In Betreff der übrigen Quellen verweise ich auf Wattenbach und auf Giesebrecht's Auseinandersetzungen im dritten Band der Geschichte der deutschen Kaiserzeit. Ich bemerke noch, daß die von Giesebrecht glücklich wieder aufgefundenen Altaicher Annalen nunmehr vollständig in den Monumenten gedruckt sind.

Von neueren Werken, die ich bei dieser Arbeit zu berücksichtigen hatte, will ich nur kurz wenige erwähnen.

Vor wenigen Jahren fand Anno einen Biographen in Aegibius Müller; aber ich glaube das Buch nicht zu hart zu beurtheilen, wenn ich es eine moderne Auflage der Vita Annonis nenne.[1]

---

[1] Aegibius Müller: Anno II. der Heilige, Erzbischof von Köln und dreimaliger Reichsverweser von Deutschland 1056—1075. Sein Leben, sein Wirken und seine Zeit. Leipzig, 1858.

Wieviel ich Giesebrecht und seinen Werken verdanke, das auszuführen, halte ich für überflüssig; jeder kennt den hohen Werth der Kaisergeschichte. Manchmal freilich weichen meine Ansichten ab; ich hoffe, der verehrte Meister wird dem jungen Anfänger, wenn er sich irren sollte, seine freundliche Nachsicht nicht vorenthalten.

Hartwig Floto hat in seiner Dissertation und dann in „Kaiser Heinrich IV. und sein Zeitalter" den kölner Erzbischof vielfach berücksichtigt und behandelt. Freilich fehlte ihm noch manches Material, das uns jetzt vorliegt; aber die Vorzüge des Werkes sind allgemein anerkannt und ich freue mich, daß meine Forschung in vielen Punkten zu denselben Resultaten führte.

Ueber Gfrörer zu urtheilen, fällt mir schwer; es ist ein übel Ding, wenn eine junge Kraft die alte bewährte meistern will. Aber ich glaube, daß niemand dem allergrößten Theile seiner Beweisführungen wird beitreten können, der nicht auch von Gfrörer's religiöser Ueberzeugung bis in's innerste durchdrungen ist und von einer vorgefaßten Meinung aus an die Geschichte herantritt. Es ist mir nicht immer möglich gewesen, meine abweichenden Ansichten gegen die Gfrörer's zu vertheidigen, das hätte den Umfang des Buches um ein beträchtliches vermehrt; ich habe mich auf die wichtigsten Punkte beschränkt. Indessen muß ich offen gestehen, daß mir seine Werke oft genug Anregung und Stoff zu erneuten gründlichen Studien gegeben haben.

Im elften Bande des Pertz'schen Archives befindet sich auf Seite 227 unter den neuen Erwerbungen der Pariser Bibliothek ein „Codex diplomaticus Annonianus sive collectio instrumentorum ad Annonem archiepiscopum Coloniensem pertinentium" Cod. chart. in fol. sec. XVII verzeichnet. Seine Excellenz der Herr Minister der geistlichen Angelegenheiten vermittelten mir gütigst die Benutzung des Manuscriptes. Da zeigte sich denn, daß darin nichts weiter enthalten war, als die Vorarbeiten, die der bekannte Jesuit Hartzheim zu einer Biographie Anno's getroffen hatte, namentlich die Abschriften der einschlägigen Urkunden, soweit er sie erhalten konnte. Alles ist bereits anderweitig bekannt, bis auf die Abschrift einer wie es scheint verloren gegangenen Urkunde Anno's, die ich unter den Beilagen mittheile. Beigefügt ist ein gedrucktes „Programma" Hartzheims vom Jahre 1753. Weiter ist meines Wissens von dem Werke nichts erschienen.

Es geht ein merkwürdiger Zug durch die Geschichte: ganze Generationen, während sie ihr eigenstes Interesse zu verfolgen glauben, arbeiten unbewußt thätig an dem Grabe, welches dereinst ihre Errungenschaften verschlingen soll; freilich nur um wieder neues Leben hervorsprießen zu lassen. So war es mit Heinrich III. Wenn es dem Papstthume bald nach seinem Dahinscheiden gelang, die Stellung, in der es bisher zum deutschen Reiche gestanden, umzukehren, aus der ergebenen Schwester die Herrin zu werden, so war der Kaiser selbst es hauptsächlich gewesen, der die Möglichkeit zu so kühnem Vorgehen, zu so glänzendem Erfolge eröffnet hatte. So sehr scheinbar der apostolische Stuhl Heinrich' untergeben war, durch sein Streben nach Reinigung der Kirche, nach Wiederherstellung der Sittlichkeit unter dem Clerus, nach Besetzung der höchsten Würde durch die würdigsten ist er ganz besonders es gewesen, welcher Rom zum höchsten Ansehen verhalf, welcher Grund legte zum stolzen Bau Gregor's. Freilich lag der Umschwung nicht minder begründet in der Natur der damaligen religiösen und politischen oder richtiger religiös-politischen Verhältnisse; sein Eintritt wurde durch Heinrich III. nur beschleunigt, zu vermeiden war er kaum. Die Stellung, die Kaiserthum und Papstthum seit Uebertragung des ersteren an germanische Herrscher zu einander einnahmen, konnte nicht dauernd bleiben: zwei Gewalten, beide der Idee nach gleichberechtigt, beide in den Anschauungen der Zeit begründet, können nicht lange nebeneinander existiren, ohne den Kampf um den Vorrang zu beginnen. Schon zu den Zeiten des gewaltigen ersten Nicolaus konnte das Papstthum es kühn versuchen, für sich die erste Stelle zu beanspruchen; der günstige Erfolg, wenn auch bald darauf wieder theils unter dem Drucke der Zeitverhältnisse, theils durch die eigene Schuld der Inhaber des apostolischen Stuhles verscherzt, war eine Bürgschaft für die Möglichkeit des Gelingens, und das Beispiel ging nicht verloren. Die Ottonen erhoben die Päpste wieder aus ihrer tiefen Versunkenheit, von ihrem Glanze wurden diese mit bestrahlt; indem sie ihrer Herrschaft die religiöse Basis zu gewinnen strebten, war es natürlich, daß sie den Papst, daß sie Rom der abendländischen Christenheit auf's neue als Haupt der Welt vor Augen führten. Bald nach dem Niedergange der Ottonen versanken auch die Päpste auf einige Zeit wieder in schmähliche Existenz, bis die Synode von Sutri rettend einschritt.

Nach dem Tode des schwarzen Heinrich waren die Verhältnisse allenthalben überaus günstig für die Statthalter Christi, überall waren die Elemente vorhanden, auf welche sie bei ihrem Emporklimmen zur höchsten Macht sich stützen konnten. Der weit verbreitete Cluniacenser Orden, mit seinen reformatorischen Ideen sich eng an Rom anschließend, dessen Erhöhung anstrebend, die durch ihn hervorgerufene religiöse Begeisterung, die allenthalben in Italien und Frankreich Clerus und Laien ergriffen hatte — kräftigere Unterstützung konnten die Päpste nicht finden. Bald erweckten die religiösen Bestrebungen ihnen einen Bundesgenossen, der in den langen Kämpfen gegen die Kaiser ihr treuester und werthvollster war, die Pataria, in der das oberitalienische Bürgerthum seine Kräfte entfalten lernte. Und kurz darauf gewann die römische Staatsklugheit sich eine weitere Stütze in den Normannen; mit Freuden ergriffen diese die Gelegenheit, ihren Eroberungen einen legalen Boden zu verschaffen und vereint mit Rom der drohenden Kaisermacht zu trotzen.

Aber auch in Deutschland fanden die Päpste die kräftigste Unterstützung ihrer Pläne, wenn auch hier, wo der Clerus sich stets reiner gehalten hatte von den Befleckungen, die ihn anderwärts entstellten, die religiöse Begeisterung nicht so lebhaft, nicht so feurig war und späterhin gewissermaßen künstlich geweckt werden mußte. Von jeher hatten die deutschen Fürsten danach gestrebt, ihre Macht auf Kosten der kaiserlichen zu vermehren, eine ununterbrochene Reihe von Auflehnungen der Fürsten, von Kämpfen der Kaiser gegen sie weist die deutsche Geschichte auf. Jetzt fanden sie Bundesgenossen in einem großen Theile der Bischöfe. Von den Kaisern als Gegengewicht gegen die Macht der weltlichen Herren gehegt und begünstigt erhoben sich nun diese, undankbar genug, gegen ihre früheren Wohlthäter und machten mit den Fürsten gemeinsame Sache, um vom Raube an der kaiserlichen Autorität ihren vollen Antheil zu erlangen. Und konnten Fürsten und Bischöfe eine passendere Gelegenheit zur Ausführung ihrer Pläne finden, als die Herrschaft eines Knaben und seiner schwachen Vormünderin-Mutter?

So stand alles bereit, um dem Papstthume seinen Kampf zu erleichtern und zu ermöglichen. Auch die geeigneten Persönlichkeiten fehlten nicht, um das Drama in Scene zu setzen. Nicolaus, Alexander und Hildebrand, die Normannenfürsten Richard und Robert, Gottfried von Lothringen und insonderheit Anno von Köln, sie sind es, welche dem Papstthum zu seinem ersten Triumphe verhalfen und ihm die Stellung gründeten, welche es lange siegreich behauptete und nicht wieder verlor, ohne nicht auch seinen Gegner in seiner Bedeutung vernichtet zu haben.

Anno war von Geburt ein Schwabe, sein Vater Walter ein geringer Ritter[1]). Ein Oheim war Canonicus in Bamberg, und dieser war es, der zuerst in Anno den Wunsch erweckte, sich dem Dienste der Kirche zu widmen. Der Vater hatte ihn, als einen kräftigen Knaben, zum Waffenhandwerk bestimmt und dem künftigen Krieger von früh an die nöthige Erziehung und Abhärtung zu Theil werden lassen, aber heimlich, wie die Vita Anno's erzählt, entfloh das Kind dem Vater und schloß sich dem Oheim an. Auf der Bamberger Domschule, die Dank der trefflichen Fürsorge Heinrich's II. zu den besten Deutschlands zählte, empfing Anno unter dem Bischofe Eberhard den ersten Unterricht; der spätere Bischof von Minden Engelbert war sein Lehrer. Gemeinsam mit Günther, dem nachmaligen Bamberger Bischofe, lag er den Studien ob und schon auf der Schule mag sich zwischen ihnen der enge Freundschaftsbund geschlossen haben, der ihr ganzes Leben hindurch unverbrüchlich fest hielt.

---

[1]) S. Beilage I.

1056.

Bald wurde Anno das Amt des Scholasticus übertragen.¹) Wahrscheinlich durch Suidger, den treuen Freund Heinrich's III., war er dem Kaiser nähergetreten; seine außerordentlichen Geistesgaben verfehlten nicht, ihn zu größerem zu empfehlen. So wurde ihm die besondere Auszeichnung zu Theil, an die Lieblingsstiftung Heinrich's III., den Dom Simon-Judae in Goslar, als Praepositus berufen zu werden.²) Von da an scheint er vielfach in der Nähe des Kaisers geweilt zu haben; er begleitete ihn auf den Ungarnzügen von 1051 und 1052 und wußte auch da seine Tüchtigkeit zu bewähren.³) So kam es denn, daß als Hermann von Köln schwer erkrankte, der Kaiser diesem Anno zur Unterstützung sandte; er erfüllte seinen Auftrag so trefflich, daß der Erzbischof selbst ihn zu seinem Nachfolger gewünscht haben soll.⁴)

Sein Wunsch ging in Erfüllung, am 3. März 1056 wurde Anno in des Kaisers Gegenwart zum Erzbischof von Köln geweiht.⁵) Den eitlen Kölnern war diese Wahl wenig angenehm, waren sie doch gewohnt, auf ihrem Bischofsstuhle Männer von erlauchter Abkunft zu erblicken. Selbst ein Bruder des mächtigsten Kaisers aus dem sächsischen Hause hatte den kölnischen Krummstab getragen, jetzt sollte er geführt werden von den Händen eines Mannes, dessen Geschlecht unbekannt, dessen Vermögen so gering war, daß das Bisthum kaum von ihm reiche Schenkungen erwarten konnte. „Wer ist denn jener Mensch und wer hat ihn zum Fürsten und Richter über uns gesetzt? Wo hat er denn die Güter, mit denen er Köln bereichern kann?"⁶) Aber Anno brachte andere Gaben mit, die ihn in Stand setzten, schon ein Jahr nach seiner Wahl sich zu rühmen, seine Erwerbungen ständen denen seiner über den ganzen Erdkreis berühmten Vorfahren nicht nach.

Heinrich III. mochte erwarten, in Anno einen Diener gewonnen

---

¹) V. A. p. 467 u. 487. Das Chron. Mind. bei Meibom I, 560 nennt: Engelbert canonicus Bavenbergensis. Die Vita Meinwerci (Scr. XI, 140) zählt Anno unter den Zöglingen der Paderborner Schule auf, nach oben gesagtem mit Unrecht. Das Chron. Hild. (Scr. VII, 847) führt ihn unter den fratres nostri archiep. auf, vielleicht auf Anno's Praepositur in Goslar hinzielend.
²) V. A. a. a. O. Lamb. ad a. 1056. Leider ist der Catalog der Goslarer Pröpste bei Heineccius (Antt. Goslar.) so in Unordnung, daß sich aus ihm keine Zeitbestimmung entnehmen läßt.
³) V. A. p. 478, die allerdings Heinrich's III. Züge mit dem Heinrich's IV. von 1063 confundirt (daher Köpke's Anm. 77). Doch berichtet die Meelboff'sche Chronik, gestützt, wie es scheint, auf ältere Quellen (List men, det her der menlichste in dem stryt was). Cronica van der hilliger Stat van Coellen fol. 158 b) daß er an Heinrich's III. Zügen theilnahm.
⁴) V. A. a. a. O.
⁵) Lamb. ad a. 1056. Ann. Brunwil. Scr. I, 100. V. A. p. 469. Die Braunweiler Urkunden, welche Anno vor 1056 als Erzbischof anführen (vgl. Lacomblet Urkundenbuch für die Geschichte des Niederrheins I, 185. 186) sind sämmtlich entweder falsch oder wahrscheinlicher spätere Ausfertigungen.
⁶) V. A. a. a. O.

zu haben, der vor allem die Energie besitzen würde, die in dem Westen des Reiches, wo er selbst während seiner ganzen Regierung zu kämpfen hatte, wo „unaufhörliche Fehden den Erdboden mit Blut rötheten,"[1] so überaus noththat. Und darin hatte sich der Kaiser nicht getäuscht, Thatkraft wohnte in der Seele des Mannes, den er zu so großer Würde erhoben, in vollstem Maaße. Freilich hat sie Anno stets nur im eigenen Interesse angewandt; wo der Vortheil seiner Person und seiner Kirche winkte, da wirkte er unermüdlich; um seinen Ehrgeiz zu befriedigen, scheute er vor nichts zurück, keine Schranke war ihm dann zu heilig, die er nicht durchbrach. Herrsch=sucht und Ehrgeiz waren die übermächtigen Triebfedern in Anno's Charakter, der Grundzug aller seiner Handlungen; ihnen mußten die übrigen Eigenschaften des Mannes dienen. Und diese waren danach beschaffen, um so weitgehendem Streben als sichere Grundlage zu dienen. Reiche Begabung und scharfer Verstand verbanden sich mit feurigem Geiste und raschem Ergreifen der Gelegenheit, mit unbeug=samer Entschiedenheit und rücksichtslosem Vorgehen ohne Ansehen der Person, mit rastloser Thätigkeit und geistiger Spannkraft, die auch die härtesten Anstrengungen des Leibes und der Seele ertrug. Politiker und weltlicher Fürst vor allen Dingen, war er von religiösem Fana=tismus frei. So wenig er sich scheute, die königliche Majestät zu verletzen, so wenig war er den Päpsten blind ergeben; auch sie mußten ihm als Werkzeug seiner Pläne dienen, auch ihnen gegenüber hielt er sich selbständig. Von groben sinnlichen Lastern war er frei: seine Mäßigkeit und Keuschheit werden allgemein anerkannt. Die bischöf=lichen Pflichten verrichtete er mit Eifer und Sorgfalt; seine geistliche Beredtsamkeit war feurig und eindringend, für die Kranken und Armen trug er Sorge, und mancher Zug, der uns in seiner Lebens=beschreibung aufbewahrt ist, zeugt davon, daß er ein einsichtiger Mann war, mit tiefer Kenntniß der menschlichen Natur. Aber wehe denen, die seiner Herrschsucht und seiner Willkür entgegentraten! Mit äußerster Rücksichtslosigkeit und leidenschaftlicher Strenge wurde ihr Widerstand niedergeworfen. So konnte es denn kommen, daß er von den einen als Muster und Spiegel eines Bischofs gefeiert, von den andern bitter gehaßt und verwünscht wurde.

Selten hat ein Mann einen so andauernden und eingreifenden Einfluß auf die Geschicke unseres deutschen Vaterlandes geübt; Anno's Geschichte ist fast durchgängig die des Reiches. Wir wenden uns daher zunächst dieser zu.

Nur wenige Monate hatte Anno den Kölner Bischofsstuhl inne, als der Kaiser in der Blüthe seiner Jahre einem heftigen Fieber unterlag (5. Oct. 1056). Die Regierung ging über an seinen sechs=jährigen Sohn Heinrich IV., dem die deutschen Fürsten, als er kaum das Licht der Welt erblickt, schon Treue gelobt hatten. Sterbend hatte der Kaiser seinem treuesten Freunde, dem Papste Victor II.,

---

[1] Carmen de bello Saxon. p. 34.

die Sorge für das Reich, für Weib und Kind übertragen.¹) Und keinen bessern Sachwalter konnte er seiner Wittwe zuweisen, keiner unter allen Fürsten und Herren war mehr geeignet, das Reich, das nun seinen starken Leiter verlor, hinüberzuführen unter das vormundschaftliche Regiment der Kaiserin Agnes. Gewiß hatte auch keiner redlicheren Willen, eifrigeres Interesse an der Bewahrung der kaiserlichen Machtfülle. Wenn auch Victor, wie Heinrich III. selbst, einverstanden war mit den religiösen Tendenzen seiner Zeit, wenn er auch als Papst sich auf's eifrigste bemühte, das von Leo IX. begonnene Werk der Sittenverbesserung des Clerus fortzuführen, so war er doch nicht minder ein treuer Anhänger des Kaiserthumes, ein eifriger Vertheidiger der kaiserlichen Rechte. Ihm lag der Gedanke fern, der bald die Schritte seiner nächsten Nachfolger bestimmen sollte, daß das Kaiserthum sich dem Papstthum unterordnen müsse. Er erblickte im Kaiserthum noch die Gewalt, die den Schild schützend halten sollte über die gesammte Christenheit, die der geistlichen Thätigkeit ein gesichertes und ruhiges Feld für ihr Wirken schaffen sollte. Und Victor war vor allen Dingen ein Deutscher, der selbst als Papst für sein Vaterland sich ein Herz bewahrt hatte.

Nicht leicht war die Aufgabe, die dem Papste zugefallen war. So weltgebietend die Macht Heinrich's III. dagestanden hatte, gerade die letzten Jahre hatten ihm und dem Kaiserthume die größten Gefahren gebracht. Zwar waren sie zum Theil durch des Kaisers Energie beseitigt worden, aber manch' schmerzende Wunde war offen geblieben und harrte des Arztes, wenn sie nicht dem ganzen Körper gefahrbringend werden sollte. Im Osten, Süden und Westen drohten gleichmäßig Feinde: dort die Slaven, dort die Normannen und hier der alte unversöhnliche Feind Heinrich's III., der bärtige Lothringerherzog Gottfried im Bunde mit Balduin von Flandern. Zwar war in den letzten Lebtagen des Kaisers zwischen ihm und Gottfried eine Versöhnung zu Stande gekommen, ohne daß indeß, so viel wir wissen, bereits ein neuer fester Zustand dadurch begründet worden wäre. Anno war bereits dem Lothringer näher getreten; schon die Lage der beiderseitigen Gebiete bedingte das. Bald nach des Kaisers Tode hatten Anno, Gottfried, der Pfalzgraf Heinrich und Erzbischof Eberhard von Trier zu Andernach eine Zusammenkunft, um sich über die Verhältnisse des Reiches zu verständigen. Ueber den Verhandlungen schwebt unlösliches Dunkel, wahrscheinlich aber knüpfte sich schon damals das enge Band, welches in der Folgezeit den Kölner und den Lothringer umschlang; wir werden sehen, daß sie stets gemeinsam handelten und im Einverständniß mit einander die wichtigsten Dinge durchführten.²)

Im December kamen die Kaiserin und der Papst nach Köln, um auf einem Reichstage die Angelegenheiten im Westen zu regeln. Sicher

---
¹) S. Beilage II.
²) S. Beilage III.

mögen dabei auch Anno's Rathschläge gehört worden sein, der ja als Erzkanzler für Italien auch an Gottfried's Stellung in diesem Lande das größte Interesse hatte. Ueberhaupt scheint es, daß Agnes und Victor den Fürsten einigen Einfluß auf ihre Entschließungen gewährten, wie es ja Heinrich III. selbst und seine Vorgänger öfters gethan. Die Verhältnisse wiesen zwingend darauf hin, Gottfried und Balduin um jeden Preis zu versöhnen und an das Interesse der Kaiserin zu knüpfen; nur wenn man ihnen gab, was sie beanspruchten, war zu erwarten, daß sie Ruhe halten würden. So empfing denn Balduin außer anderen Gaben die ihm von Heinrich III. entrissenen Gebiete zurück; Gottfried wurde außer seinen zurückerstatteten Allodialbesitzungen der Heimfall Niederlothringens nach dem Tode des kinderlosen Besitzers zugesichert; dann wurde er mit dem Erbe seiner Gemahlin Beatrix, mit der reichen Herrschaft des weiland Bonifacius von Tuscien belehnt, und zugleich gemeinsam mit Victor mit der Sorge für Italien betraut. So wurde Gottfried die gebietende Macht in Italien, um so mehr, als bald darauf seiner Herrschaft auch die Marken Spoleto und Camerino zufielen. Victor hatte dieselben als Herzog und Lehnsmann des Kaisers verwaltet, nach seinem Tode gingen sie sofort an Gottfried über.[1]

Dieser Schritt der Kaiserin war ein überaus kluger. Zunächst wurde Gottfried' jeder Grund zur Klage, jeder Vorwand zum Aufstande genommen und dadurch die Ruhe im Reiche gesichert. Außerdem konnte man nur auf diese Weise hoffen, Italien in Abhängigkeit und beim Reiche zu erhalten. Sicher war vorauszusehen, daß der Arm der Kaiserin nicht über die Alpen reichen würde; sie bedurfte daher einer Macht, die in Italien für sie Ordnung hielt. Eine andere aber als die Gottfrieds zu schaffen, war man nicht im Stande, ohne sofort die schlimmsten Ruhestörungen hervorzurufen. Mochte auch des Lothringers Stellung in Italien eine fast selbständige sein, die Gefahr lag nicht vor, daß er es dem Reiche entfremden werde, da er selbst das höchste Interesse haben mußte, den Zusammenhang aufrecht zu erhalten. Dafür bürgten außerdem seine Ansprüche auf Niederlothringen und seine Allodialbesitzungen in Deutschland; an seiner deutschen Heimath hing Gottfried mit Vorliebe, während ihm die italienische Luft nicht zusagte. Und in der That hat er die nächsten Jahre hindurch der Kaiserin die Treue bewahrt, bis, wenn auch nicht ohne sein Mitwirken, die Verhältnisse in Deutschland sich änderten und ihm die Möglichkeit eröffneten, auch in anderer Weise seine italienischen und deutschen Interessen zu vereinen.

Nachdem Victor mit der Kaiserin in Regensburg Weihnachten gefeiert und dort mit den versammelten Fürsten noch einmal des Reiches Angelegenheiten berathen und manche wichtige Bestimmung getroffen[2], kehrte er über die Alpen nach Italien zurück, begleitet

---

[1] S. Beilage III.
[2] Vgl. Giesebrecht II. S. 531 und 660.

von Gottfried und Beatrix. Dort war seine Anwesenheit nicht minder nöthig, wenn das Reich nicht Schaden leiden sollte. Noch war die Normannenfrage zu lösen. Bekanntlich hatte Leo IX. die kühnsten Versuche gemacht, Italien von diesem so überaus gefährlichen Feinde zu befreien, aber vergeblich waren seine Anstrengungen gewesen. Wenn dem Mönche von Monte-Cassino zu glauben ist, so war gerade Victor ein eifriger Gegner seiner Pläne gewesen;[1] wahrscheinlich mochte er einsehen, daß die Kräfte, welche damals Kaiser und Papst zur Verfügung standen, viel zu gering waren. Jetzt war die Lage zu Feindseligkeiten noch minder geeignet; der Papst traf daher mit den Normannen den Frieden sichernde Uebereinkünfte.[2]

Die Mönche von Monte-Cassino, der überreichen Mutterabtei der Benediktiner, hatten sich nach dem Hinsterben des bairischen Richer einen Abt aus freier Wahl, ohne die erforderliche Zustimmung des Kaisers und des Papstes, gesetzt. Energisch trat Victor nach seiner Rückkehr gegen diese Willkür auf, vergebens versuchte der neue Abt persönlich seine Gnade zu gewinnen. Die Abgesandten des Papstes, unter ihnen sein treuer Begleiter nach Deutschland, Humbert von Silva-Candida,[3] erschienen zur Prüfung der Verhältnisse und zum richterlichen Spruche im Kloster; ein von thörichten Mönchen in der Bevölkerung angezettelter Tumult bot ihnen willkommene Gelegenheit, den erwählten Abt zum freiwilligen Rücktritte zu nöthigen. Sein Nachfolger wurde Friedrich, der Bruder des Lothringer-Herzogs. Friedrich war als Kanzler des Papstes Leo' IX. nach Italien gekommen, hatte dann als dessen Gesandter in Constantinopel gewirkt, war aber als Bruder Gottfrieds später Heinrich III. verdächtig geworden; der Kaiser hatte daher, wie Leo berichtet, Victor' beauftragt, sich Friedrich's Person zu bemächtigen. Durch seinen Eintritt als Mönch in das Cassineser Kloster hatte er sich jedoch der Gefangenschaft zu entziehen gewußt. Als Victor mit Gottfried nach Italien zurückkehrte, war Friedrich dem Papste wieder näher getreten, hatte ihm sogar, wie es scheint, die reichen, aus Constantinopel mitgebrachten, dann vom Grafen Trasimund geraubten, aber bald wiedererstatteten Schätze zur Verfügung gestellt. Es war selbstverständlich, daß Victor ihn bestätigte; dem neuen Abte wurde außerdem die Würde eines Cardinals zu Theil.[4]

Dies waren die letzten wichtigen Handlungen des Papstes; nachdem er noch in Arezzo einen Streit zu Gunsten des Bischofs Johannes von Siena geschlichtet hatte,[5] verschied er daselbst am

---

[1] Leo Marsicanus II. c. 81 u. 86.
[2] Ann. Aug. ad a. 1057. Amatus III, 44.
[3] Othlon. Vis. Scr. XI, 384.
[4] Leo II. c. 88—92.
[5] Urk. bei Della Rena-Camici 3, 79, (bei Jaffé R. P. nicht angeführt). Die Urk. ist gegeben zwischen dem 24. Juni und 23. Juli in Arezzo; vorher war der Papst nach derselben Urk. in Florenz, kurz vorher 8 Tage lang in Siena.

28. Juli 1057. Mit ihm sank eine starke Stütze des Kaiserthumes in's Grab.

Friedrich war gerade im Begriffe, Rom zu verlassen, als ihn die Nachricht von des Papstes Ableben bestimmte, in die Stadt zurückzukehren. Alles strömte zu ihm, um mit ihm über die Wahl eines Nachfolgers zu berathen; fünf Candidaten schlug er vor, darunter auch Hildebrand. Aber alle waren nicht nach dem Sinne der Anwesenden; man drang in ihn, selbst die Würde anzunehmen, und nach dem üblichen Widerstande fügte er sich. Freilich meinten manche, man solle erst Hildebrand's Ankunft abwarten, der noch in Tuscien weilte; ihre Stimmen verhallten ungehört. Am 3. August 1057 wurde Friedrich geweiht und erhielt den Namen Stephan.[1] — Eine gewaltige Macht lag nun in den Händen der beiden Brüder, eine Macht, die indeß dem Reiche zu gute kam. Es war nicht zu zweifeln, daß die Kaiserin mit der Person des neuen Papstes einverstanden sein würde. War doch derselbe ein Deutscher und ein Bruder des Mannes, auf dem die Herrschaft der Kaiserin in Italien beruhte. Mußte ihr nicht da die Wahl Stephan's angenehmer sein, als wenn ein Italiener den päpstlichen Stuhl bestiegen hätte, für dessen Treue sie keine Bürgschaft hatte? Freilich war Agnes vor der Wahl nicht befragt und dadurch die kaiserlichen Rechte verletzt worden, aber die Art und Weise, wie es geschah, hatte doch etwas unverfängliches. In momentaner Erregung, im Anschluß an Gottfrieds Macht hatte man Stephan gewählt, und er beeilte sich, die Genehmigung der Kaiserin einzuholen. Alsbald brach Anselm von Lucca auf; schon am 19. August war er in Tribur bei Hofe.[2] Die Bestätigung der Kaiserin erfolgte ohne Anstand.[3]

Stephan wirkte ganz im Geiste Leo's. Wie dieser war er ein eifriger Anhänger und Förderer der cluniacensischen Richtung, mit gar großem Eifer[4] schritt er gegen Simonie und Nicolaitismus ein; ebenso nahm er mit allem Feuer dessen Plan auf, die Normannen aus Italien zu verdrängen. Und gewiß war bei der mächtigen Unterstützung, die er von seinem Bruder zu gewärtigen hatte, keiner dazu geeigneter als er. Darauf bezügliche Aufträge mag Hildebrand an Agnes überbracht haben, der Weihnachten 1057 in Pöhlde eintraf;[5] sie waren kaum nach dem Sinne des Mönches, dessen weitschauender und umfassender Geist gewiß schon damals in den Normannen die natürlichen Verbündeten gegen die kaiserliche Obmacht erkannt hatte. Und täuschen wir uns nicht, so waren es gerade die Männer der kirchlichen Partei, die mit der Wahl auf Hildebrand's

---

[1] Ueber das alles ausführlich Leo II. c. 94.
[2] Gundechari liber pont. Eichstet. Scr. VII, 246.
[3] Ann. Alt. ad a. 1057.
[4] Leo II. c. 94. pro conjugiis clericorum .... destruendis *nimio zelo* decertans. Giesebrecht III, 20 übersetzt es mit „allzugroßem Eifer"; das von Leo mit Vorliebe gebrauchte nimius bedeutet bei ihm stets nur „sehr groß."
[5] Gundechar a. a. O.

Rückkehr hatten warten wollen, mit Stephan's Person nicht ganz einverstanden waren. Auch die alte Verbindung mit Constantinopel, die er selbst als Leo's Gesandter angeknüpft hatte, wurde wieder aufgenommen; Desiderius von Monte-Cassino wurde dorthin geschickt, um Hilfe zum Kampfe zu erwirken; des Papstes vorzeitiger Tod hinderte ihn indeß, die Reise zu vollenden.[1]

Wie grundlos war demnach das Gerücht, mit dem man sich gleichwohl in Italien trug, Stephan wolle seinem Bruder die Königskrone aufsetzen.[2] Bei derartigen Absichten hätte er sicher nicht daran denken können, den schweren Kampf im Süden zu beginnen, der dazu nicht minder im Interesse des Reiches, wie in seinem eigenen lag. Und auch Gottfried hätte davon keinen wirklichen Gewinn gehabt; nur der Verlust seiner Ansprüche und Besitzungen im deutschen Lande und unabsehbare Kämpfe wären der Erfolg gewesen.

Schon seit einiger Zeit war in Mailand, dessen Erzbischöfe von jeher die Nebenbuhler Roms gewesen und sich der päpstlichen Autorität nicht fügen wollten, ein heftiger Streit entbrannt zwischen dem niederen Volke und der mit dem Adel zusammenhängenden Geistlichkeit. Die herrschende Simonie und die Gewohnheit der Geistlichen, in der Ehe zu leben, hatten den nächsten Grund zum Ausbruche gegeben, wenn auch tiefer liegende mit im Spiele waren. Von Arialb und Landulf aufgereizt, war das Volk sogar so weit gegangen, in die Cathedrale einzudringen, den Erzbischof und die Domherren zu mißhandeln und aus derselben zu verjagen. Guido wandte sich mit Beschwerden an den Papst, der ihm befahl, die Angelegenheit auf einer Provinzialsynode zu entscheiden. Diese trat in Fontanetum zusammen; Arialb und Landulf, die nicht erschienen waren, wurden gebannt. Während sich Guido an den deutschen Hof begab, reiste Arialb persönlich nach Rom, fand aber, so weit die Nachrichten ein Urtheil zulassen, nicht die günstigste Aufnahme. Indessen schickte der Papst Hildebrand mit ihm nach Mailand, der die Sache prüfen sollte; wie es scheint, suchte er nach beiden Seiten hin zu begütigen.[3] Offenbar ging Stephan auch in dieser Frage nicht rücksichtslos gegen die Kaiserin vor; vielleicht mag Hildebrand, der von Mai-

---

[1] Leo III. c. 9.
[2] Leo II. c. 97.
[3] Landulf. III. c. 5 ff. Arnulf. III. c. 7 ff. (Scr. VIII). Bonitho bei Jaffé Mon. Greg. p. 641. Es sind hier mancherlei chronologische Schwierigkeiten zu lösen. Hildebrand kann nur im Nov. 1057, als er nach Deutschland reiste, in Mailand gewesen sein; wenn, wie Landulf berichtet, Anselm von Lucca ihn wirklich damals begleitete, so muß dieser inzwischen aus Deutschland zurückgekehrt sein (dies scheint auch aus Gundech. lib. pont. a. a. O., wo Anselm am 5. Oct. nicht erwähnt wird, hervorzugehen) und mit Hildebrand sich wieder dorthin begeben haben. Die Gesandten trafen Guido nicht an, und wir wissen, daß dieser am 5. Oct. noch in Speier war (Gund. l. p. a. a. O.). Da Guido indeß vom August an in Deutschland weilte, so ist es unmöglich, daß die Synode in Fontanetum, die wiederum nur vor seiner Reise gehalten sein kann, bereits von Stephan angeordnet wurde. Dies muß schon Victor gethan haben; wahrscheinlich trat sie aber erst in den ersten Tagen seines Nachfolgers zusammen.

land an den Hof eilte, ihr darauf bezügliche Anträge zugleich überbracht haben.

Aber es war Stephan nicht beschieden, seine großen Pläne zur Ausführung zu bringen; wie so viele Deutsche hatte auch ihn das römische Fieber ergriffen und seine Lebenskraft verzehrt. Im März begab er sich nach Tuscien zu seinem Bruder, wohl um den beabsichtigten Feldzug vorzubereiten; schon am 29. verschied er in Florenz. In der Vorahnung seines Todes hatte er die Cardinäle versammelt und ihnen verboten, vor Hildebrand's Rückkehr aus Deutschland den erledigten Stuhl Petri zu besetzen. Schon hatte sich der römische Stadtadel zu regen begonnen; es stand zu befürchten, daß er versuchen würde, auf's neue seinen Einfluß auf die Papstwahl geltend zu machen.[1]) Stephan wußte, wie entschieden Hildebrand dieser Partei entgegen sein würde; er kannte zugleich dessen in der Stadt bereits gewonnenen Einfluß. Das mag ihn zu obiger Bestimmung veranlaßt haben.[2])

Kaum hatte der Papst seine Augen geschlossen, als das von ihm befürchtete eintrat. Mit gewaltiger Hand hatte Heinrich III. den römischen Adel niedergehalten, welcher lange genug mit dem Papstthume gespielt und es herabgewürdigt; jetzt schien die Gelegenheit günstig, das verlorne wieder einzubringen. Vergebens waren die Bemühungen Damiani's und der übrigen Cardinäle, ungehört verhallten ihre Bannflüche[3]) — der Bischof Johann von Velletri, sonst ein würdiger Kirchenfürst,[4]) wurde trotz seines Sträubens auf den päpstlichen Stuhl erhoben, und ein Presbyter gezwungen, ihm die Weihe zu ertheilen. Reiche Geldspenden bewogen das Volk, der Wahl beizustimmen; gar manche Mitglieder der römischen Geistlichkeit mochten mit Freuden die Wahl eines Papstes begrüßen, von dem kaum zu erwarten stand, daß er im Stande sein würde, in ähnlicher Weise wie seine Vorgänger auf die Sittenreinheit des Clerus zu bringen. Die Römischen Annalen versichern, des Kaisers Getreue seien es gewesen, die Benedict X. — so nannte sich Johann — auf den apostolischen Stuhl erhoben, und es ist glaublich genug, daß dessen Name zur Bemäntelung der Willkür dienen sollte.

Aber der Kaiserin konnte ein Papst wenig genehm sein, der lediglich von dem römischen Stadtadel aufgestellt war, gegen den sich außerdem Herzog Gottfried erklären mußte. In Tuscien sammelte sich die kirchliche Partei; Hildebrand trat alsbald zu Gottfried in

---

[1]) Soviel darf man aus dem sonst unklaren Berichte der Ann. Rom. Scr. V, 470 schließen.

[2]) Damiani epp. III, 4. Leo II. c. 98. Bonitho a. a. O. 641.

[3]) Damiani a. a. O. Leo II. c. 99. Vgl. Ann. Rom. a. a. O.

[4]) Sonst hätte man ihn nicht nach Victor's Tode als Candidaten in's Auge gefaßt. Leo II. c. 94. Vgl. Will, Die Anfänge der Restauration der Kirche, II, 146. Der Eifer für seine religiöse Richtung hat Damiani a. a. O., wie so manchmal, zur Unwahrheit und Uebertreibung verführt.

Beziehungen.¹) „Gottfried besaß überaus große Vorzüge des Körpers und Geistes, die dem in Kampf und kriegerischen Uebungen hervorragenden Manne großen Ruhm verschafften; Beredtsamkeit und Klugheit, verbunden mit feurigem Sinne, zeichneten ihn aus. Er ergötzte sich daran, durch Wort und That den Glanz seines Namens zu erhöhen, nach Ehren und Würden der Welt zu streben, große Heere auszurüsten, Krieg zu führen, Tag und Nacht unter Beschwerden im Lager durchzuwachen, Raub, Brand und Plünderung auszuüben, wie man das nie bei einem andern in gleicher Weise gefunden hat. Es wohnten in ihm treffliche Eigenschaften, aber nicht selten fesselte sie die Habgier".²) Die Augsburger Jahrbücher nennen ihn einen Mann von wunderbarer Kühnheit, Lambert sagt, durch die Größe seiner Thaten sei er der ganzen Erde bekannt. Man kann demnach nicht glauben, daß ein so ungestümer und wetterwendischer Mann der Hildebrand'schen Richtung von Herzen ergeben war; die übertriebenen religiösen Anwendungen, die er zuweilen und zumal kurz vor seinem Tode bekam, liegen mehr im Charakter der Zeit, als des Mannes. Daß die kirchliche Partei ihn indeß hoch feierte, wie dies Bonitho und Damiani thun, ist natürlich; er hat dem päpstlichen Stuhle große Dienste geleistet. Aber wie wenig man sich auf ihn verließ, zeigte Hildebrand bald genug durch seinen Bund mit den Normannen; noch nach Gottfried's Tode sprach er als Papst offen dessen Sohne gegenüber aus: „Dein Vater hat der römischen Kirche viel versprochen; wenn er dies durchgeführt hätte, so würden wir ganz anders und viel heiterer uns mit Dir über ihn freuen, als es uns wirklich um's Herz ist."³) Meist indeß fügte es sich, daß des Bärtigen eigenes Interesse es erheischte, mit Hildebrand's Gesinnungsgenossen Hand in Hand zu gehen. So auch diesmal; ihm selbst mußte das Treiben der römischen Großen, das seiner Macht Eintrag that, unerwünscht sein; auch lag ihm daran, einen Mann als Papst zu sehen, auf den persönlichen Einfluß auszuüben er hoffen konnte. Dies war Gerhard von Florenz. Man wandte sich an die Kaiserin, Gesandte gingen nach Deutschland, um ihr den Candidaten vorzuschlagen. Noch war Gottfried der Kaiserin, freilich im eigenen Interesse, treu ergeben und auf die Erhaltung ihres Ansehens bedacht. Sonst hätte man damals kaum daran gedacht, sich an sie zu wenden, Hildebrand wohl am wenigsten, und hätte Gottfried auf eigne Faust verfahren wollen, er hätte es gekonnt, wie er ja nachher Benedict allein vertrieb.

Anfang Juni kamen die Gesandten in Augsburg bei der Kaiserin an; die Personen derselben sind indeß unsicher. Jedenfalls befand sich Wibert unter ihnen, den wir damals den Urkunden nach zuerst als Kanzler für Italien thätig finden. Wibert, ein geistig höchst bedeu-

---

¹) S. Beilage XII.
²) Ganz nach dem Tri. s. Remacli Scr. XI, p. 443, dessen Schilderung ganz trefflich ist, wenn auch einzelne Wendungen aus Sallust entlehnt sind.
³) Mon. Greg. ed. Jaffé p. 91.

2*

tender Mensch, war von vornehmster Herkunft, sein Geschlecht war ganz nahe mit dem der Beatrix verwandt; gewiß mag daher auf seine Ernennung Gottfried eingewirkt haben. Wenn Anno von Köln überhaupt, wie es indeß wahrscheinlich ist, auf die Wahl seines Stellvertreters Einfluß gehabt, so dürfen wir annehmen, daß er dem Verwandten Gottfried's gern zustimmte. Zu der überaus wichtigen Angelegenheit wurde der Rath der Fürsten hinzugezogen. Wie zu erwarten, entschied sich Agnes für Nicolaus;[1]) dem Herzoge fiel die Aufgabe zu, ihn nach Rom zu geleiten. Dort hatte Benedict sich den ganzen Sommer und Herbst gehalten; noch im November trägt eine Farfenser Urkunde die Jahreszahl seines Pontificates,[2]) ein Beweis, daß er wenigstens in der nächsten Umgebung Roms zur Anerkennung gelangt war. Man sah sich daher genöthigt, eine bewaffnete Macht zu sammeln; 500 Reiter führte Gottfried gegen Rom. Nach Rückkunft der Gesandten erfolgte zunächst in Siena die Wahl Gerhard's; bald darauf brachte man auf einem Concile zu Sutri die geistlichen Waffen gegen Benedict zur Anwendung. Das Datum der Tage von Siena und Sutri ist uns nicht überliefert; wahrscheinlich fällt der erstere in das Ende des December, der zweite in den Anfang des Januar. Man zog darauf nach Rom, wo Hildebrand's Gold schon so wirksam vorgearbeitet hatte, daß die Römer selbst über den anzuerkennenden Papst im Streite lagen; die Bewohner von Trastevere, den eigentlichen Römern von jeher feindlich gesinnt, öffneten ihre Thore.

So wurde denn Nicolaus am 24. Januar[3]) geweiht und von

---

[1]) Ann. Alt. ad a. 1058. Vgl. Stumpf 2554—2556 u. Lamb. ad a. 1059. Ann. Aug. ad a. 1058. Die Notiz über Wibert's Verwandtschaft mit Beatrix mit späterer Begründung verdanke ich der gütigen Mittheilung des Herrn Dr. Wüstenfeld in Göttingen. — Wie hätte auch sonst die Kaiserin auf Wibert verfallen sollen, der sich, unseres Wissens wenigstens, noch durch nichts ausgezeichnet hatte, auch keine hervorragende Stellung einnahm. Gfrörer a. a. O. I, 15 meint natürlich, Agnes habe „durch innere Zwistigkeiten das Gesammtgeschlecht verunreinen, theilen, schwächen" wollen.

[2]) Fatteschi Memorie de' Duchi di Spoleto p. 333: anno ab. inc. 1058 ind. XII mense nov. die XXVIII temporibus domni Benedicti X. Papae sedentis in sacratissima sede beati Petri . . .

[3]) Pagi (Baron. Ann. Eccles. c. annot. Pagi. Lucae 1745 p. 182), dem Giesebrecht (a. a. O. III, 23 u. 1052) folgt, nennt auf Grund eines Papstcataloges den 28. December als Wahltag. Aber die Angaben der Papstcataloge über die Regierungszeit Nicolaus' sind sehr schwankend und sich widersprechend. Vgl. Jaffé R. P. p. 384 und Watterich vitae Pont. Rom. I, p. 206. Die aus dem Jahre 1423 stammenden Inschriften an der Metropolitankirche und dem Palazzo della Signoria in Siena (Pecci Storia di Siena 91), welche die Wahl in Siena 1059 setzen, können nicht in Betracht gezogen werden. Am 17. December 1058 war Herzog Gottfried noch mit Anselm von Lucca in dessen Stadt. Ueber den Tag der Consecration f. Jaffé Reg. P. p. 384. — Ueber dies alles Ann. Rom. a. a. O., Benzo p. 671 u. 672, Bonitho p. 642. Vgl. dazu Gregorovius: Geschichte der Stadt Rom im Mittelalter IV, 111, der die Hypothese Gfrörer's, Agnes habe einen Königs-Statthalter in Rom eingesetzt, widerlegt.

Hildebrand mit der doppelten Krone geschmückt.[1] Benedict flüchtete zunächst nach Galeria, legte dann aber freiwillig seine Würde, die ihm wenig Glück gebracht, nieder. Eine harte Demüthigung auf dem Osterconcile blieb ihm nicht erspart.

Kaum saß Nicolaus auf dem päpstlichen Stuhle, als Hildebrand nun endlich den Zeitpunkt gekommen glaubte, an die Verwirklichung seiner Gedanken zu gehen. Sollten sich nicht ähnliche Vorfälle wieder ereignen, wie man sie so eben erlebt, so mußte eine Norm geschaffen werden, die keinen Zweifel über den wahren anzuerkennenden Papst entstehen lasse. Dazu diente das bekannte Decret Nicolaus' II. vom 29. April 1059, welches die Wahl der Päpste aus den Händen des Volkes in die der Cardinal=Bischöfe legte. Gegen den römischen Adel zunächst war es gerichtet, nicht gegen den König; soweit konnte oder wollte man noch nicht gehen.[2] Hatte man doch eben der Kaiserin Hilfe angerufen; noch mußte man auf Gottfried Rücksicht nehmen, der später Alexander'n gegenüber noch das Recht der Bestätigung für die deutsche Krone zu retten suchte.

Aber Hildebrand ging weiter; er that einen Schritt, welcher die Rechte des Kaiserthums auf's entschiedenste verletzte. Er eilte zunächst selbst nach Unteritalien und traf dort mit Richard ein Abkommen, welches diesem die Belehnung mit Capua verhieß, wogegen sofort 300 normännische Ritter aufbrachen, um die Burgen des Nicolaus noch trotzenden römischen Adels zu brechen. Auch Robert Guiscard trat bereits der Curie näher. Im Juli zog endlich der Papst selbst nach Unteritalien und belehnte die Normannenfürsten mit Unter=italien und Sicilien.[3] Ohne Zweifel mochte sich Nicolaus auf die angebliche Schenkungsurkunde Constantin des Großen stützen; aber für den deutschen König war die Belehnung die erheblichste Kränkung seines Rechtes. Der Papst verlieh da Länder, auf welche das Reich Anspruch machte, machte Fürsten zu seinen Vasallen, welche Lehns=träger des Reiches waren.

Es ist klar, welche Gründe Hildebrand und den Papst zu dem verhängnißvollen Schritte bewogen. Sollte das Wahldecret in volle Wirksamkeit gesetzt werden, so mußte man eine Macht in nächster Nähe haben, die es aufrecht erhielt. Aber ihre Gedanken reichten weiter. Die Curie mußte sich einen Stützpunkt in Italien selbst schaffen, wenn sie für die Zukunft ihre volle Unabhängigkeit vom deutschen Hofe erlangen wollte. Nur dann konnte man hoffen, sich bei günstiger Gelegenheit des drückenden Verhältnisses zu Deutschland und zum Kaiser zu entledigen, wenn man seiner Hilfe nicht mehr bedurfte, nöthigenfalls sogar gegen ihn Unterstützung fand. Und in der That waren ja die Normannen wiederholt die letzte Rettung und Zuflucht der Päpste! Und wie man sich vom deutschen Hofe eman=

---

[1] Giesebrecht III, 1053.
[2] S. Beilage IV.
[3] Giesebrecht III, 46, 47, 1054.

cipiren wollte, so wollte man nicht weniger Gottfried entbehren
können, denn Abhängigkeit von ihm war Abhängigkeit vom Kaiser=
thume. Zwar stand der Papst damals mit dem Herzoge äußerlich im
besten Einvernehmen, wie er selbst gegen Gervasius von Rheims es
rühmte;[1] man hatte Gottfried außerdem offenbar durch die Ueberlassung
von Ancona und Rimini zu gewinnen gesucht.[2] Aber der Eingriff
der Normannen in seine Befugnisse konnte ihm nicht gleichgiltig sein;
der Bund des Papstes mit denselben mußte ihn tief verletzen. Und
es ist unzweifelhaft, daß dies der Fall war. Zwar trat er nicht
offen gegen Nicolaus auf; dazu mochte er sich für den Augenblick zu
schwach fühlen und vielleicht durch seine Gemahlin Beatrix gehindert
sein. Unentbehrlich war ihm außerdem dazu der Beistand des deutschen
Hofes, und er stand sicher Schrittes nicht fern, die bald darauf von
der Kaiserin gegen den Inhaber des päpstlichen Stuhles gerichtet
wurden.

Wir müssen nun unsre Blicke zurück über die Alpen wenden.

Man hat darüber gestritten, ob die Regierungsthätigkeit der
Kaiserin Agnes in den ersten Jahren eine glückliche und ruhebringende
gewesen sei. Die einen berufen sich auf Lambert's Worte, die
Kaiserin habe mit so großer Kunst das Staatsruder geführt, daß die
Veränderung der Regierung keine Unruhen, keine Störungen mit sich
gebracht habe. Dem steht in entschiedener Weise Adam's Zeugniß
entgegen: „Die Fürsten, unwillig unter der Herrschaft eines Weibes
und eines unmündigen Knaben zu stehen, setzten sich zuerst in die
frühere Freiheit, um nicht dienen zu müssen; dann stritten sie unter
einander, wer der größere sein solle; endlich ergriffen sie kühn ihre
Waffen und bemühten sich, ihren Herrn und König abzusetzen. Das
läßt sich besser mit den Augen sehen, als mit der Feder beschreiben."[3]
Freilich hat Adam wohl zunächst den Hamburger Episcopat im Auge,
welcher bald nach Heinrich's III. Tode furchtbar unter den Verwüstungen
der sächsischen Fürsten zu leiden hatte; aber manches weist darauf
hin, daß der allgemeine Zustand des Reiches kein friedevoller, ge=
deihlicher war. Gleich im zweiten Jahre von Agnes' Regierung
brach in Sachsen eine gefährliche Verschwörung aus; an allen Ecken
und Enden des Reiches herrschten Fehden und Empörungen; freilich
waren diese in der damaligen Zeit an der Tagesordnung,[4] und es

---

[1] Jaffé R. P. 3361. Das Schreiben fällt vor August 1060, den Tod
des Königs Heinrich von Frankreich.
[2] Damiani epp. I, 7 u. die Urk. bei Tonini f. Beilage XII.
[3] Lamb. ad a. 1056. Adam. Brem. III. c. 33. Nicht minder ungünstig
die Altaicher Annalen.
[4] Multorum factiones contra imperatoris filium exortae divinitus
sedantur. Ann. Aug. ad a. 1056. — Lamb. ad a. 1057. Bernold und

gelang der Kaiserin fast immer, sie beizulegen und zu unterdrücken. Daß sie indeß später die Kaiserswerther That geschehen ließ, ohne auch nur den geringsten Versuch zur Rache zu machen, zeugt hinreichend von der Schwäche ihres Charakters; ihr ganzes ferneres Leben läßt sie zur Führung eines weltlichen Regimentes ganz ungeeignet erscheinen. Sie selbst mochte fühlen, wie schwach ihre Stellung war, und nach allen Seiten hin bemühte sie sich, feste Stützen zu schaffen; nach allen Seiten hin gab sie, und als sie genug gegeben hatte, entfernten sie die Fürsten ohne Mühe. Den Ducat Baierns, den sie bisher in der Hand behalten hatte, gab sie 1061 dem tapfern Otto von Nordheim; schon vorher erhielt Konrad aus dem Rheinischen Pfalzgrafengeschlechte Kärnthen, und als dieser starb, ohne sein Land betreten zu haben, kam es an Berthold von Zähringen. Diesem war früher von Heinrich Schwaben zugedacht worden; aber dieses Herzogthum hatte die Kaiserin dem Rudolf von Rheinfelden übertragen, einem Manne, den sie mit den größten Wohlthaten überhäufte. Sie mochte hoffen, gerade in ihm eine Stütze für sich und ihren Sohn erworben zu haben; wie sehr hat sie sich verrechnet!

Den Bischöfen gegenüber, deren Geneigtheit für sie von so großer Wichtigkeit war, bewies Agnes reiche Freigebigkeit, wenn sie auch mit dem Reichsgute nicht allzu verschwenderisch umging. Das Schicksal fügte es, daß gerade in den ersten Jahren nach des Kaisers Tode überaus viele Stühle erledigt wurden: Bamberg, Eichstädt, Halberstadt, Mainz, Regensburg, Salzburg, Speier erhielten von ihr neue Hirten. Alle waren, so weit wir über sie unterrichtet sind, Männer, deren früherer Ruf sie zu so hoher Stellung berechtigte, wenn auch die Wahl der Kaiserin im Interesse ihres Sohnes sich späterhin mehrfach als verfehlt erwies. — Soviel wir sehen können, hatte keiner der geistlichen Herren sich in der ersten Zeit ihrer besonderen Gunst zu erfreuen; fast alle bedachte sie mit Gaben, fast alle werden in ihren Urkunden genannt. Adalbert von Bremen, der treue Freund ihres Gatten, mag sich bemüht haben, auch ihr hilfreich zur Seite zu stehen; aber die von den sächsischen Fürsten an seinem Bisthume verübten Gewaltthaten fesselten ihn bald an sein Gebiet; die Macht der Kaiserin reichte offenbar nicht hin, ihm Ruhe zu verschaffen. Nur Günther, dieser mit Schönheit und Liebenswürdigkeit vom Schicksale so überreich bedachte Mann, scheint bald nach seiner Beförderung auf den Bamberger Stuhl Agnes' Gunst in höherem Grade genossen zu haben; später brach zwischen beiden offner Zwist aus. Schon 1058 wird uns berichtet, daß Heinrich von Augsburg zu ausschließlichem Einflusse bei der Kaiserin gelangte[1] und dadurch den Unwillen der Fürsten erregte. Zwar war er es, der später die Kaiserin zu einem überaus folgenreichen Schritte bewog, aber die

---

Berth. ad a. 1059. Sigibertus Gembl. ad a. 1058. Ann. Aug. ad a. 1059. Vgl. Giesebrecht III, 52—60.

[1] Berthold. ad a. 1058. Vgl. Lambert. ad a. 1062.

Urkunden, so weit sie erhalten sind, belehren uns, daß ihm die Gunst nicht viel einbrachte; der Schenkungen, die er erhielt, sind verhältnißmäßig wenige und geringe. Mit wenig Recht konnten sich daher die Fürsten späterhin über seinen allzugroßen Einfluß beklagen.

Anno war indessen eifrig bemüht, sein Bisthum zu größerem Glanze zu erheben. Vor allem kamen ihm da die reichen Schenkungen der ehemaligen Polenkönigin Richeza zu Gute; das Schloß Saalfeld mit den zugehörigen reichen Besitzungen überwies sie dem Kölner Bisthume. So fand der Bischof schon in den ersten Jahren die Mittel, Kloster und Kirche von Maria zu den Greden, die sein Vorgänger Hermann begründet, zu vollenden; schon konnte er sich seiner großen Verdienste um seine Diöcese rühmen. Die Bulle des Papstes Nicolaus vom 1. Mai 1059, worin er Anno's Stiftung bestätigt, fließt über von den Versicherungen der Liebe und Zuneigung; man mochte in Rom schon die Bedeutung des Mannes zu würdigen wissen.[1]) Bald genug sollte man indeß Grund haben, sich über den Kölner bitter zu beklagen, und einsehen, wie wenig Anno geneigt war, ein willenloses Werkzeug der römischen Curie zu sein.

Auch bei der Kaiserin befand sich Anno fortdauernd in großer Gunst; seine Intervention wird mehrfach in den Urkunden angeführt.[2]) Wahrscheinlich hatte ihm Günther, sein Jugendfreund, das Bisthum zu verdanken; sicher wissen wir, daß er gegen Ende 1059 seinem Neffen Burchard, einem unruhigen und von dem lebhaftesten Ehrgeize beseelten Manne, zum Halberstadter Bisthum verhalf. Bald finden wir Anno bei einer Angelegenheit von höchster Wichtigkeit als Hauptperson thätig.

Im Sommer oder Herbst 1060 erklärte eine deutsche Synode auf Anno's Betrieb den Papst Nicolaus für abgesetzt, seine Decrete für annullirt, und verbot seinen Namen in der Messe zu nennen.[3])

Räthselhaft sind die Motive dieses entschiedenen Schrittes. Man hat gemeint, die Wahlordnung von 1059 habe am deutschen Hofe Mißfallen erregt und den fraglichen Entschluß herbeigeführt. Aber das ist wenig wahrscheinlich. Ein Protest, der über ein Jahr nach dem Decrete kam, nachdem man inzwischen mit der Curie in unausgesetztem Verkehre geblieben war, wäre zu spät und dadurch wirkungslos gewesen. Auch hatte ja Agnes zu dem Decrete direct oder indirect ihre Zustimmung gegeben; ihr Kanzler Wibert selbst war bei demselben betheiligt und hatte seiner Festsetzung beigewohnt. Gewiß that er das nicht, ohne mit dem deutschen Hofe in Einverständniß zu stehen. Endlich war ja die Wahlordnung durchaus nicht gegen den König gerichtet. Man scheint damals dem Decrete nicht einmal großes Gewicht beigelegt zu haben; keiner der gleichzeitigen Chronisten, die vor dem Ausbruche des großen Streites schrieben,

---

[1]) Jaffé R. P. 3333.
[2]) Siehe Beilage XIII.
[3]) Siehe Beilage V.

erwähnt es. Erst als Papstthum und Kaiserthum den Kampf begannten, suchte man die halbvergessene Acte wieder hervor. Dies also kann die Ursache der Absetzung Nicolaus' nicht gewesen sein.[1]

Zwei Quellen versichern, die Strenge, mit der Nicolaus gegen die deutschen Bischöfe vorgegangen und mit der er namentlich einige Ausschreitungen Anno's gerügt habe, habe die Veranlassung geboten. Freilich war der Ton der Curie ein rücksichtsloser gewesen; dem Halberstädter Bischof hatte der Papst einen sehr energischen Brief wegen seiner Anforderungen an Hersfeld geschickt;[2] als die Kaiserin für Siegfried von Mainz um das Pallium bat, hatte man sie wenig ehrerbietig zurückgewiesen;[3] Siegfried solle selbst nach Rom kommen und sich dasselbe holen. Aber dies alles, so sehr es auch dazu beigetragen haben mag, die Stimmung zu erbittern, scheint zu geringfügig, um einen so gewaltsamen Schritt zu erklären. Viel eher mögen die offenen Verletzungen des kaiserlichen Rechtes, Nicolaus' eigenmächtiges Vorgehen gegen den Mailänder Bischof, den er gewissermaßen von neuem investirte,[4] die Belehnung und der Bund mit den Normannen Befürchtungen erregt haben. War es doch dieser hauptsächlich, der noch 1064 Alexander'n vorgeworfen wurde. Aber auch hier kam die Verdammung etwas spät nachgehinkt.

Der Zusammenhang der Dinge scheint vielmehr ein tieferer gewesen zu sein. Freilich versagt die Dürftigkeit der Quellen jeden genaueren Einblick, aber die Umstände und Verhältnisse scheinen mit Bestimmtheit darauf hinzuweisen. Wir wissen, daß die Stellung Gottfried's in Italien der Kaiserin gebot, in allen Angelegenheiten des Landes auf ihn Rücksicht zu nehmen; um so mehr, da er ja wirklich bis dahin ihr Interesse gewahrt hatte. Es ist demnach kaum denkbar, daß sie obenerwähnten Schritt gegen Nicolaus thun konnte, ohne des Lothringer's Zustimmung gewiß zu sein. Auch Anno stand zu Gottfried in nahen Beziehungen; sollte er, nach allen Aussagen der Haupturheber der Entsetzung des Papstes, gegen seines Freundes Wünsche gehandelt haben? Und noch mehr, der Herzog traf zu der Zeit, als die fragliche Synode in Deutschland gehalten wurde, mit dem Erzbischofe in Andernach zur Berathung zusammen;[5] sollten sich dort beide nicht über den fraglichen Schritt geeinigt haben? Und gewiß hatte Gottfried ein Interesse an Nicolaus' Verdammung, wie wir sahen. Zwar finden wir nirgends seine Theilnahme erwähnt, aber was beweist das bei der Armuth der Quellen jener Zeit, die von offenkundigeren Dingen schweigen, als des Lothringers Theilnahme an dieser Sache wahrscheinlich war? Möglicherweise gab, wie Benzo berichtet, wirklich der Makel der unehelichen Geburt, der an Nicolaus haftete, den Vorwand; der Grund war canonisch stichhaltig, aber sein

---

[1] Siehe Beilage IV.
[2] Lamb. ad a. 1059.
[3] Damian. epp. VII, 4.
[4] Arnulf. Scr. VIII. p. 21.
[5] S. Beilage III.

Hervorsuchen nach einer zweijährigen Amtsthätigkeit des Papstes erscheint sehr gezwungen.

Während Hildebrand bald darauf den Bruch mit dem deutschen Hofe nicht scheute, that er jetzt versöhnende Schritte. Man sieht, wie auch dies unsre Ansicht unterstützt; wäre man in Rom Gottfried's so sicher gewesen, wie ein Jahr später, würde man kaum gezaudert haben, den hingeworfnen Fehdehandschuh aufzuheben; aber gegen ihn und das deutsche Reich zugleich anzukämpfen, mußte mißlich genug erscheinen. Der Bund mit den Normannen ermöglichte zwar, des Lothringer's Hilfe entbehren zu können, aber nicht, seine Feindschaft gering zu schätzen. — Der Cardinal Stephan wurde mit Briefen an den Hof geschickt; aber vergeblich wartete er auf Audienz; unerbrochen mußte er seine Schreiben nach Rom zurücknehmen.[1]) Bald darauf starb Nicolaus am 27. Juli 1061, ehe weitere Schritte von beiden Seiten erfolgen konnten; seinem Tode folgte ein Umschwung aller Dinge. Davon später.

Die einflußreiche Stellung, die bei diesen Vorgängen Anno offenbar einnahm, blieb ihm auch für die nächste Zeit. Günther von Bamberg war mit der Kaiserin, die ihm vorher manche Gunst erwiesen, in bedenkliche Zwistigkeiten gerathen. Wie es scheint, war die Veranlassung folgende. Der Bischof hatte eine Aebtissin (vielleicht die von Kitzingen — der Besitz dieser Abtei war ihm im August 1060 von Agnes bestätigt worden) abgesetzt. In der That hatte das schamlose Weib ihr Schicksal verdient. Um mehr Geld aus dem Kloster zu ziehen, hatte sie die festgesetzte Zahl der Nonnen fast um die Hälfte verringert und den zurückgebliebenen so kärglichen Lebensunterhalt angewiesen, daß die Sanctimonialen, um dem Hungertode zu entrinnen und um sich die nöthigsten Kleidungsstücke zu schaffen, sich für Geld preisgaben. Trotzdem hatte die Kaiserin entschieden ihre Wiedereinsetzung begehrt; sie erwies der Aebtissin so große Gunst, daß sie keinen Widerspruch duldete. Günther weigerte sich indeß wiederholt, ihrem Befehle zu gehorchen. Dafür traf ihn die höchste Ungnade der Kaiserin, und einzelne der Fürsten am Hofe, die des Bambergers frühere Gunst mit Neid erfüllt hatte, waren geschäftig, die hohe Frau noch mehr aufzureizen. So kam es sogar zum offenen Kampfe. Günther bat nun seinen Kölner Freund auf's dringendste, seinen Einfluß aufzubieten und ihn mit der Kaiserin auszusöhnen. „Es erschien mir das beste zu sein, wenn ich Euch, meinem treuesten Beschützer in allen Gefahren, die ganze Sachlage an's Herz legte; ich bitte Euch daher auf jede Weise um eine Zusammenkunft, damit ich Euch gegenüber, von dem ich es am meisten wünsche, gereinigt und entschuldigt dastehe. Inzwischen bitte ich Eure väterliche Liebe, wenn in Eurer Gegenwart eine Erörterung über meine Person gepflogen wird, mir gemäß Eurer gewohnten freundlichen Gesinnung beizustehen und zu helfen." Anno gelang es auch, eine Aussöhnung zu Stande zu bringen, vielleicht im November 1061, als die Kaiserin

---

[1]) Disceptatio synodalis bei Watterich Vitae Pont. Rom. I, p. 248.

in Bambergs Nähe weilte; bald trat Günther auf's neue zu seiner Herrin in so freundschaftliche Beziehungen, daß die Verleumdung ihre Zunge zu regen begann.[1])

Aber auch der Erzbischof selbst hatte mittlerweile einen schweren Strauß mit dem Pfalzgrafen Heinrich zu bestehen gehabt. Schon früher war dieser, dem frommen Zuge folgend, der seiner Familie eigen war, in das Kloster Görz eingetreten; aber die wiedererwachte Sehnsucht nach der Welt und vor allem nach seiner geliebten Gattin hatte ihn bald genug wieder aus den dumpfen Mauern herausgetrieben. Lange Zeit hatte zwischen ihm und Anno ein gutes Verhältniß obgewaltet, noch im Sommer 1060 kamen sie in Andernach zu freundschaftlicher Berathung zusammen. Aber die Raublust der Mannen des Pfalzgrafen führte bald genug einen schlimmen Bruch herbei. Einige derselben — und wahrscheinlich war Heinrich selbst nicht ohne Schuld — hatten von Siegburg aus die Kölnischen Schiffe und Güter geplündert. Darob entbrannte Fehde zwischen dem Pfalzgrafen und dem Erzbischofe; ersterer, über den der Bannfluch ausgesprochen worden war, wurde gefangen und sah sich genöthigt, die Siegburg an Köln abzutreten. Aber der heftige Mann konnte sein Mißgeschick nicht vergessen; kaum wieder freigelassen begann er den Kampf auf's neue. „Wie ein wüthender Eber" verwüstete er die Kölnischen Güter mit Feuer und Schwert; die Gefahr stieg auf's höchste. Da geschah in Kochem, wo der Pfalzgraf lagerte, eine furchtbare That; von plötzlichem Wahnsinne ergriffen ermordete er seine geliebte Gattin; lachend und triumphirend zeigte er dann den Mannen die Waffe, mit der er das entsetzliche verübt. Man band den Unglücklichen und brachte ihn in das Kloster Epternach, wo er seine Tage beschloß. Den kleinen Sohn desselben ließ Anno erziehen und stattete ihn dann mit einigen Lehen aus. So ging das ruhmreiche Geschlecht der Ezzoniden, dem Köln soviel zu danken hatte, nach reicher, aber schneller Blüthe schmählich zu Grunde. Kein geringer Vortheil für den Kölner Erzbischof, der einen mächtigen Nebenbuhler verlor.[2])

Indessen bereitete sich allmälig in Deutschland eine gewaltige Veränderung der Dinge vor. Als Otto III., noch ein Kind, dem Vater auf den Thron folgte, hatte Herzog Heinrich von Baiern, ein Verwandter, den Versuch gemacht, die Vormundschaft an sich zu reißen. Jetzt war die Lage der Dinge eine ähnliche, wieder trug ein Knabe die deutsche Krone, wieder führte seine Mutter für ihn die Regierung. Aber wie sehr war Agnes von Theophano verschieden, wie tief stand sie unter der Griechin an Geist und Thatkraft. Es schien nicht zweifelhaft, daß ein Schlag gegen die Kaiserin glücken müsse, wenn man es mit ihr allein zu thun hätte. Es kam nur darauf an, die mächtigsten Fürsten des Reiches von ihr abspänstig zu machen, sie in das Netz der Verschwörung hineinzuziehen. Und nur

---

[1]) S. Beilage VI.
[2]) S. Beilage VII.

zu sicher war anzunehmen, daß die Herren, voll vom Triebe maß­loser Herrschsucht, sich nicht lange bedenken würden, die lockende Ge­legenheit zu ergreifen, welche die so heiß ersehnte Unabhängigkeit von kaiserlicher Gewalt endlich zu bringen schien.

Der Plan der Verschwörung entsprang im Kopfe Anno's; sein Freund Günther mag von Anfang an zu den Mitwissern gehört haben. Schon im Jahre 1061 trugen sich beide mit dem Gedanken, der Kaiserin die Herrschaft zu entreißen; noch aber waren nicht alle Vorbereitungen getroffen. Siegfried von Mainz, der als Primas der deutschen Kirche eine überaus wichtige Persönlichkeit war, konnte füglich nicht übergangen werden, und schon frühzeitig wurde er mit dem Plane bekannt gemacht. Gemäß seinem aufgeblasenen, aber hohlen Charakter gerirte er sich bald als das Haupt der Verschwörung, wenn er auch die Ausführung gern andern Händen überlassen mochte. Otto von Baiern wurde ebenfalls hinzugezogen; freilich betrachtete man ihn, der soeben der Kaiserin sein Herzogthum zu verdanken hatte, nicht ohne Besorgniß; wahrscheinlich hatte ihn Anno's Neffe Burchard von Halberstadt, der mit ihm bekannt sein mußte[1]) und sicher selbst der Verschwörung angehörte, gewonnen. Ueberhaupt ging man mit großer Vorsicht zu Wege. „Ihr kennt die Zeiten, kennt die Sitten; niemand weiß, was und wem er glauben soll, und bei so zweifel­haften Dingen ist Sicherheit gefährlich, Leichtfertigkeit schädlich, Leicht­gläubigkeit verderblich!" schrieb Günther an seinen Freund.[2])

Und nicht minder muß Herzog Gottfried von vornherein Mit­glied der Verschwörung gewesen sein. Wir sahen, daß er aller Wahr­scheinlichkeit nach den deutschen Hof und Anno zur Absetzung Nicolaus' bewogen hatte; bald müssen sich seine Gedanken geändert haben. Seine Politik war bisher im wesentlichen durch die eigenthümliche Stellung, die er als Fürst in Italien und Deutschland zugleich ein­nahm, bedingt gewesen; ihretwegen hatte er bisher in Agnes' Interesse gewirkt. Nun bot sich ihm die Gelegenheit, in Anschluß an die Ver­schwörer seine volle Selbständigkeit zu erreichen; wie hätte der herrsch­süchtige und dabei kühne Mann diese sollen vorübergehen lassen! Aber dann war es für ihn erforderlich, in Rom einen Papst zu wissen, der mit ihm gemeinsame Sache machte, auf seiner Seite stand. Wenn dies der Fall war, dann waren seine Interessen nach allen Seiten hin gewahrt, er selbst in seiner Machtstellung gesteigert, ohne zweifel­haften Kampf. Dafür mochte er gern bereit sein, die Normannen gewähren zu lassen. Auch die übrigen Verschwörer mußten danach

---

[1]) Die Familiengüter der Nordheimer lagen in der Nähe von Halberstadt.
[2]) Günther's Brief an Anno, jetzt bei Giesebrecht III, 1189; zuerst benutzt von Floto a. a. O. I, 195, der ihn ebenfalls in diese Zeit setzt; vgl. Beil. VI. Giesebrecht dagegen III 1062 weist ihn in den Herbst 1062, mit dem ich auch darin nicht überein stimmen kann, daß der Brief offenbar von einer gegen Anno gerichteten Verschwörung spreche. Indeß ist so manches in dem Briefe unklar. Die „perdita aemulorum consilia" lassen sich vielleicht auf den Krieg mit Pfalzgraf Heinrich deuten.

streben, daß der Papst ihr Unterfangen billigte, die Kaiserin ohne weiteres fallen ließ.

Zwar war man mit der Curie verfeindet, Nicolaus für abgesetzt erklärt worden. Vielleicht hing es mit der veränderten Sinnesart Anno's und Gottfried's zusammen, daß wir merkwürdigerweise nichts von weiteren Schritten gegen Rom hören, nichts von der Aufstellung eines Gegenpapstes, die doch nach des andern Verdammung einzig folgerecht war. Dem sei nun, wie ihm wolle; bereits Ende Juli starb Nicolaus, dessen Persönlichkeit hauptsächlich Anstoß erregt hatte. Am 1. October wurde in Rom ohne Wissen der Kaiserin mit Hilfe der Normannen der Lucchesser Bischof Anselm gewählt und als Papst Alexander II. consecrirt.

Ueber zwei Monate ließ demnach Hildebrand verstreichen, ehe er den entscheidenden Schritt that. Nichts ist auffälliger, als diese lange Zögerung; man sieht, wie unsicher er sich anfänglich fühlte. Stephan und Nicolaus hatten mit Bewilligung der Kaiserin geherrscht; bei beider Wahl war vor allen Gottfried betheiligt gewesen. Jetzt weilte der Herzog nicht in Italien, aber dennoch war seine künftige Haltung von größter Wichtigkeit für Rom; ehe man dort selbständig vorging, mußte man sich Kunde von des Lothringers Plänen zu verschaffen suchen. So erklärt sich Hildebrand's Zurückhaltung am einfachsten und natürlichsten. Der Normannen war er sicher, er selbst entschlossen, der Kaiserin keinen Einfluß auf die Wahl zu gestatten; gelang es noch, den Lothringer zu gewinnen, so waren alle Schwierigkeiten beseitigt. Dies glückte auch; die augenblicklichen Pläne der Verschwornen stimmten trefflich mit denen des Papstes überein, wenn auch beide verschiedenen Zielen nachgingen. Gerade damals muß man in Deutschland zu einem festen Entschlusse gelangt sein.

Indessen trat auch an die Kaiserin die Frage heran, wie sie in Bezug auf den neu zu wählenden Papst es halten solle. Mit den Anhängern Hildebrand's war sie verfeindet; von der Gegenpartei waren mehrfache Aufforderungen an sie gerichtet worden, einen Papst ihrer Wahl aufzustellen. Der alte Cadalus von Parma, das Haupt der Rom widerstrebenden Bischöfe Oberitaliens, war selbst mit großen Schätzen nach Deutschland geeilt, ebenso der Kanzler Wibert, um die Kaiserin zu bewegen, des Reiches Rechte zu wahren; ihre nächste Umgebung, vor allem Bischof Heinrich von Augsburg, war gewonnen. Indeß schwankte sie lange; erst als Hildebrand ohne sie zu fragen Alexander wählen ließ, stellte sie am 28. October in Basel den Bischof Cadalus als Gegenpapst auf. Wohl mochten sämmtliche deutsche Bischöfe nach Basel geladen sein, aber nur wenige, wie es scheint, waren anwesend.[1] Nichtsbestoweniger erkannte man zunächst in Deutschland Honorius — so nannte sich Cadalus — als Papst an.[2]

---

[1] Ueber Alexander's und Cadalus' Wahl siehe Ann. Alt. ad a. 1060 und meine Abhandlung über Benzo's Panegyricus in den Forschungen VI, 503. Vgl. auch Giesebrecht III, 1058 ff.

[2] Wie aus Berthold hervorgeht, vgl. Giesebrecht III, 1007. Auch

Sich in Italien Anerkennung zu verschaffen, mußte die Kaiserin Cadalus' selbst überlassen; und seine Sache stand nicht ungünstig. Hatte er doch auf seiner Seite fast die gesammte Lombardei, sein eigner Reichthum war nicht gering, und Rom faßte Freunde genug, die gegen Alexander und seinen Anhang zu kämpfen bereit waren. Einigen derselben war es gelungen, das große goldene Kreuz, welches gewöhnlich vor dem Papste hergetragen wurde, und andere Insignien der höchsten Kirchenwürde zu entwenden, mit denen geschmückt sich Cadalus öffentlich zeigte und als den rechtmäßigen Papst gerirte. Doch unterließ er es, noch im Winter gegen Rom vorzudringen; man hatte noch nicht alle Kräfte gesammelt, und das Wetter war überaus ungünstig. Auch Beatrix stellte sich in Abwesenheit des Gemahls feindlich entgegen. Man begnügte sich daher, den Bischof von Alba, Benzo, in die ewige Stadt zu schicken, um ein festes Einverständniß mit dem römischen Adel anzubahnen.[1])

Wie verhielten sich dem gegenüber die Verschwornen? Noch war man nicht so weit, den Plan zur Ausführung zu bringen; vielleicht war man noch nicht aller Mitwisser ganz sicher, wahrscheinlicher fehlte die passende Gelegenheit. Man wollte warten, bis die Kaiserin mit ihrem Sohne sich in des Kölners Gebiet befand, wo sich die That am sichersten vollführen ließ. So hielt man sich denn die Hand frei und blieb völlig neutral; man hinderte weder die Wahl des Cadalus, noch betheiligte man sich an derselben. Im August 1061 war Anno noch freundschaftlich mit der Kaiserin in Stablo zusammen gekommen; aber er begleitete sie nicht nach Basel, sondern blieb in seiner Diöcese zurück. Drei Tage nach der Wahl weihte er das Kloster Braunweiler ein. Doch hielt er jedenfalls das gute Einvernehmen mit der Regentin aufrecht und mußte allen Verdacht von sich fern zu halten; die Kaiserin würde sonst kaum im folgenden Jahre nach Kaiserswerth gekommen sein.

Während Herzog Gottfried im Frühjahr nach Italien aufbrach, um dort im Interesse der Verschwornen thätig zu sein, begab sich Herzog Otto von Baiern schon im März in die Nähe der Kaiserin — auch Heinrich von Augsburg befand sich bei ihr[2]) — und begleitete sie wahrscheinlich nach Utrecht, wo sie Ostern feierte.[3]) Als sie von dort zurückkehrte, traf sie in Kaiserswerth mit dem Kölner Erzbischofe zusammen, im guten Glauben an die Treue des Mannes. Als der König nach einem festlichen Mahle in heiterer Stimmung war, forderte ihn Anno auf, ein prächtiges Schiff in Augenschein zu nehmen, welches der Erzbischof zu dem Zwecke hatte herrichten lassen. Gern verstand sich der arglose Knabe dazu, aber kaum hatte er, von den Verschwornen umringt, das Fahrzeug betreten, als es von den

---

Lambert's freilich falscher Bericht zu 1063 zeigt, daß Honorius eine Zeit lang in Deutschland anerkannt war.
[1]) Forschungen VI, 503 ff.
[2]) Stumpf 2604 u. 2606.
[3]) Berth. ad a. 1062; falsch die Alt. Ann. Speier.

Ruderern mit aller Macht in die Mitte des Stromes getrieben wurde. Gewaltige Angst ergriff den Knaben, der für sein Leben fürchtete; rasch entschlossen sprang er in das Wasser, um sich zu retten. Der gewaltige Strom hätte ihn sicher verschlungen, wenn nicht einer der Verschwornen, sein Verwandter Graf Ecbert von Braunschweig, ihm nachgesprungen wäre; mit eigner Lebensgefahr entriß er den König den Wellen. Es gelang endlich, ihn durch Schmeichelreden zu beruhigen; dann brachte man ihn nach Köln.[1]) Zu derselben Zeit wurden in Kaiserswerth die Insignien des Reiches geraubt.[2]) Trauernd fügte sich die verrathene Mutter dem über sie verhängten; von allen verlassen, wagte sie nicht einmal den Versuch, die Königsräuber zu bestrafen und ihr Kind ihnen abzugewinnen. Sie ging auf ihre Güter, um sich von nun an ganz religiösen Uebungen zu widmen, die ihrem weichen Gemüthe mehr zusagten, als die Herrschaft über die widerspänstigen Großen.

Die Kaiserswerther That hat die entgegengesetztesten Beurtheilungen erfahren; die einen verdammten Anno, die andern überhäuften ihn mit Lob. Das Regiment der Kaiserinwittwe war, wie wir gesehen, kein gutes gewesen, aber das folgende der Bischöfe brachte dem Reiche nicht viel mehr Segen. Klar ist, daß Anno von seinem eigensten Interesse geleitet wurde; wollte er in Wahrheit dem Reiche aufhelfen, so standen ihm andre Wege offen. Der eingeschlagene wäre sicher der thörichtste gewesen. Die oberste Gewalt war in aller Augen entweiht und erniedrigt; das Reich dadurch mehr geschwächt, als es ein weiteres Regiment der Kaiserin hätte thun können. So fiel es Heinrich später überaus schwer, die königliche Gewalt, die dem weiten Reiche so unentbehrlich war, herzustellen; die schwersten Kämpfe hatte er darum zu führen. Die Fürsten wurden gewöhnt, sich als die Herren des Königs zu betrachten, und lernten dadurch schnell genug, sich über ihn und alle Schranken ihrer Gewalt hinwegzusetzen. Es ist freilich ein sehr verfängliches Ding, in der Geschichte mit Wenn und mit Aber zu rechnen; aber so viel ist augenscheinlich, den Plänen Hildebrand's konnte nicht erfolgreicher vorgearbeitet werden.

Alles kam jetzt den Verschworenen darauf an, wie sich die übrigen Fürsten ihrer That gegenüber verhalten würden. Freilich, die wichtigsten der Herren waren im Einverständnisse, eine Anzahl der Bischöfe mit Anno eng befreundet, von den andern war zu erwarten, daß sie den Raub gern billigen würden, wenn ihnen nur ein gebührender Theil der Beute zufiel. Und sie zu gewinnen, darauf zielten die ersten Anordnungen hin, die man traf. Die Angelegenheiten des Reiches sollten nach dem Rathe der Fürsten geordnet werden; die Leitung der Geschäfte und die Sorge für den jungen König sollte

---

[1]) Ganz nach dem wohl glaubwürdigen Berichte von Lambert. Vgl. auch Giesebrecht III, 1060. Die Zeit läßt sich nur annähernd bestimmen, Mitte April bis Mitte Mai.
[2]) Berth. ad a. 1062; jetzt auch Ann. Alt. ad a. 1062.

demjenigen Bischofe obliegen, in dessen Sprengel sich Heinrich gerade aufhielt.¹) Das war eine Anordnung, die schon in sich selbst den Charakter der Unburchführbarkeit trug; nichts war natürlicher, als daß der Urheber und Ausführer der Verschwörung, der den König überdies nicht aus seinen Händen ließ, der eigentliche Inhaber der Macht wurde. Natürlich mochten die Fürsten in ihren Gebieten sich völlig selbständig halten; ihr heißersehntes Ziel, die alte deutsche Freiheit, wie sich der Particularismus in alter und neuer Zeit nannte, war ja erreicht.

Auch die Urkunden bezeugen, daß in des Kölners Händen die gesammte Leitung des Regimentes stand;²) die andern Erzbischöfe und Bischöfe beeilten sich freilich, in seine und des Königs Nähe zu gelangen, um ihren Einfluß ebenfalls geltend zu machen. Im Juli fand in Mainz eine zahlreiche Versammlung der Fürsten statt: Siegfried von Mainz, Adalbert von Bremen, Gebhard von Salzburg, Adalbert von Würzburg, Ellenhard von Freising, Burchard von Halberstadt, Günther von Bamberg — dem Anno alsbald reiche Entschädigung für die ihm von Agnes bereiteten Leiden zukommen ließ — Otto von Baiern, Graf Ecbert werden uns genannt. Adalbert mochte wohl sofort auf die wunderbare Kunde herbeigeeilt sein; die Verhältnisse zu ändern, stand nicht in seiner Macht, da er allein gegen die Fürsten nicht ankämpfen konnte; aber wir wissen, daß er die That nicht billigte und alles aufbot, um dem königlichen Kinde sein trübes Loos zu erheitern. Doch scheint sein Einfluß noch nicht bedeutend gewesen zu sein; dasselbe gilt von Siegfried, obgleich dieser um die Verschwörung gewußt hatte. An geistiger Kraft konnte er sich nicht im entferntesten mit seinem Kölnischen Amtsbruder messen; er mochte ganz zufrieden sein, daß sich ihm gerade damals die Aussicht eröffnete, zum begierig erstrebten Thüringer Zehnten zu gelangen.³) Von Rudolf von Schwaben erfahren wir gar nichts; er

---

¹) Lamb. ad a. 1062: Episcopus . . . statuit, ut episcopus quilibet, in cuius dioecesi rex dum temporis moraretur, ne quid detrimenti res publica pateretur, provideret, et causis, quae ad regem delatae fuissent, potissimum responderet. Doch sind diese Worte sicher nur in der oben angegebenen Weise zu verstehen. — Die Angabe Sigibert's, Anno habe von seiner That vor allen Fürsten Rechenschaft abgelegt und die Gunst Heinrich's wiedererlangt und durch dessen Vermittlung auch die der Agnes, scheint mir nur in ihrem ersten Theile wahrscheinlich. Sigibert ist für diese Zeiten kein sicherer Gewährsmann. Agnes finden wir erst 1064 wieder bei Hofe (siehe Beilage VI). Sig. hatte später geschehenes im Auge und übertrug es in diese Zeit; einige Jahre nachher entstand allerdings zwischen Agnes und Anno ein freundliches Verhältniß.
²) Siehe Beilage VIII.
³) Lamb. ad a. 1062: [Otto, frater Willihelmi] beneficia Moguntini episcopatus aliter obtinere non potuit, nisi promitteret, decimas se de suis in Thuringia possessionibus daturum et ceteros Thuringos, ut idem facerent, coacturum. Giesebrecht III, 81 ff. scheint mir hier zu weit gehende Folgerungen zu ziehen; daß der Mainzer die günstige Gelegenheit benutzte, war natürlich; daß er aber durch Otto's Erhebung verletzt worden und daß diese

mochte mit dem Strome schwimmen und mit Vergnügen die ver=
änderten Verhältnisse anerkennen, die auch ihm freies Schalten und
Walten in seinen Landen verhießen. Dasselbe mag von Bertholb,
dem Kärnthner Herzoge gelten; vielleicht war auch er von Günther
gewonnen, mit dem er auf vertrautem Fuße stand.

Bald kam auch Herzog Gottfried über die Alpen, der mittler=
weile in Italien eine wichtige Rolle gespielt hatte. Ende März war
Cadalus mit gewaltiger Macht von Parma aufgebrochen; vergeblich
suchte ihn Beatrix bei Modena aufzuhalten.[1] Am 14. April trafen
die Schaaren der beiden Päpste vor Rom zusammen, die Mannen
Alexanders wurden völlig besiegt; viele wurden erschlagen, andere
ertranken in den Fluthen des Tiber. Mit den Fliehenden zugleich
drang Cadalus in die Leostadt ein. Aber über Nacht wirkte Hilde=
brand's allmächtiges Gold bei den Römern, die sich dem Papste an=
schlossen, der augenblicklich am besten zahlte.[2] So wurde dem wei=
teren Vordringen des Parmesaner ein Damm entgegengesetzt; er
mußte sich entschließen, nach Tusculum zu ziehen, um neue Ver=
stärkungen abzuwarten. Da trat Herzog Gottfried, der offenbar eben
erst nach Italien gekommen war, zwischen die streitenden Parteien;
auf sein Geheiß kehrten beide Päpste in ihre Bischofsstädte zurück,
bis der König nochmals zwischen ihnen entschieden haben würde.

Es war beschlossene Sache der Verschwornen, Alexander an=
zuerkennen, da nur dieser ihre That billigen und die neue Lage der
Dinge anerkennen konnte. Zweifelsohne war Alexander von ihrem
Vorhaben unterrichtet, sonst würde er nicht gutwillig das wohlbefestigte
Rom verlassen haben, wo die Normannen jeder Zeit Hilfe leisten
konnten, und sich einer Entscheidung unterworfen haben, von der er
andernfalls mit Sicherheit annehmen mußte, daß sie nach dem
vorhergegangenen nur ungünstig ausfallen konnte. Honorius da=
gegen, so ungern er die errungenen Vortheile aus der Hand geben

---

wiederum durch Anno's Einfluß geschehen sei, ist nirgend ersichtlich. Freilich
bringt G. damit den schon besprochenen Brief Günther's in Verbindung. Wir
wissen nicht einmal, ob nicht Otto noch von Agnes belehnt wurde, wie sogar
aus Lambert hervorzugehen scheint.

[1] Donizo. Scr. XII v. 1175 ff.
    Presul erat Parmae Cadalus ditissimus atque
    Preparat absque mora se contra pergere Romam
    Filius iste mali. Quem sprevit docta Beatrix:
    Nam foveam pravam deridendi sibi causa
    in strato fieri tum precepit Motinensi
    in noctis tenebris . . .
Im übrigen siehe meine Abhandlung in Forsch. VI, 504 ff.

[2] Vgl. die charakteristische Stelle bei Damiani epp. II, 6: Romani
quippe volunt Alexandrum, sed aerarium. Hunc scilicet quem apostolus
reprobat, non cum qui per apostolorum apostolicorumque pontificum tra-
mitem currat. Nolunt inquam Alexandrum evangelicam ecclesiasticae
mensae pecuniam proponentem, sed sordentis avariciae potius acra
librantem. Petri respuunt successorem et alumnum Simonis amplectuntur
pro venalitate spiritus pecuniam offerentem.

mochte, war wohl nicht im Stande, den vereinten Kräften des Papstes und des Herzogs zu widerstehen; auch konnte er, der vom Könige gewählte, einer erneuten Anrufung desselben sich nicht widersetzen. Wahrscheinlich war ihm auch noch keine Kunde von den jüngsten Vorgängen in Deutschland zugekommen. Ob Gottfried selbst von dem Erfolge der Entführung bereits unterrichtet war, läßt sich nicht bestimmen; doch ist es wohl möglich, sogar wahrscheinlich. Freilich war er allein nicht im Stande, den rechtmäßigen Papst zu proclamiren; aber war die Verweisung Alexander's nach Lucca und der Appell an des Königs Entscheidung nicht zugleich ein Versuch, dem deutschen Hofe die Entscheidung über die Papstwahl wenigstens der Form nach zu bewahren?

Die Verhältnisse Italiens waren es denn auch, welche Ende October die deutschen Fürsten nach Augsburg zusammen führten.[1]) Wenn man einer gleichzeitigen, sonst gut unterrichteten Quelle trauen darf,[2]) so war der Bischof selbst, welcher Alexander geweiht hatte, von der Gegenpartei gewonnen worden und erschien in Augsburg, um gegen den Papst Klage zu erheben. „Nur gezwungen habe er die heilige Handlung vollzogen; nicht mit Willen des Königs, des Patriciers von Rom, sei Alexander inthronisirt worden, sondern mit Hilfe der Normannen; unmöglich könne er daher, wenn recht gerichtet werde, den römischen Stuhl innehaben. Es sei die höchste Gefahr, daß die Krankheit des Hauptes auch die übrigen Glieder ergreife." Man beschloß, an Ort und Stelle auf's neue die Ansprüche der beiden Prätendenten prüfen zu lassen; wessen Ansprüche gerecht erfunden würden, der solle Papst bleiben, bis eine allgemeine Synode den letzten Entscheid gegeben. Die Mission wurde dem Bischofe Burchard von Halberstadt zu Theil; er ging nach Italien, sprach sich für Alexander aus und führte ihn im Januar 1063 vereint mit Herzog Gottfried nach Rom zurück.

Merkwürdig ist, daß man in Augsburg Alexander nicht ohne weiteres anerkannte; das Wahlrecht des deutschen Königs war ja dem Anscheine nach wenigstens gewahrt. Zwar war, da der Entscheid in Burchard's Hände gelegt wurde, nicht zweifelhaft, welches das End=

---

[1]) Vgl. Giesebrecht Ann. Alt. p. 168.
[2]) Ann. Alt. ad a. 1061. Ob auch Wibert erschien, ist zweifelhaft. Er recognoscirt zwar die Urkunde für Freising (Stumpf 2612); indessen ist es zweifelhaft, ob der Recognoscent stets am Ausstellungsorte anwesend war. Vgl. die treffliche Untersuchung bei Scheffer-Boichorst: Kaiser Friedrich' I. letzter Streit mit der Kurie. Beilage VII. S. 205. Vgl. dazu Stumpf 2584. — Daß Damiani's disc. synod. keine Staatsschrift sei, „zur Mittheilung an andre Höfe des Abendlandes berechnet" (Gfrörer II, 17), ergiebt sich beim oberflächlichen Einblicke; der Cardinal entwirft in ihr nur, wie Giesebrecht III, 82 mit Recht bemerkt, „ahnenden Geistes ein Bild der zu erwartenden Verhandlungen". Von Gesandten Alexander's erfahren wir nichts, doch fehlten sicher auch diese nicht. Die Leitung der Synode fiel Anno' zu, der sich auch später als den Urheber der Augsburger Beschlüsse bekannte; neben ihm nennen uns die Urkunden nur Siegfried. S. Beilage VIII.

resultat sein würde; der Neffe und Freund Anno's konnte sich nur für den diesem genehmen Papst entscheiden. Aber warum dann dieser, ich möchte sagen, Winkelzug? Es scheint in der That, als ob ein Theil der deutschen Bischöfe und Fürsten nicht geneigt gewesen sei, Alexander ohne weiteres anzuerkennen, daß aber Anno durch Burchard's Absendung seine Absicht vorläufig zu erreichen wußte. Kaum ist es glaublich, daß Cadalus seinen zweiten Zug nach Rom angetreten und noch im folgenden Jahre den sonst ganz vergeblichen Versuch einer Gesandtschaft an den deutschen Hof gemacht hätte, wenn er nicht an einigen Rückhalt daselbst hätte glauben dürfen. Auch Wibert, der Urheber der Wahl des Cadalus und sein treuester Anhänger, blieb noch im Amte; die allgemeine Stimmung kann demnach noch nicht ganz dem Gegenpapste feindlich gewesen sein.

Den November und Anfang December hielt sich der König nebst Anno in Regensburg auf; vielleicht dachte man bereits an einen Zug gegen Ungarn. In diese Stadt war vorher Heinrich von Augsburg entwichen, um den königlichen Hof und seine Widersacher zu vermeiden, obgleich er zur Versöhnung aufgefordert war; wahrscheinlich verließ er Regensburg wieder, als der König dorthin kam. Bald darauf verfiel er in eine schwere und langwierige Krankheit; von den jetzigen Räthen Heinrich's bitter befeindet, starb am 3. September 1063 der ehemalige Günstling der Kaiserin verlassen und einsam.[1]) Ein Mainzer Cleriker war sein Nachfolger.

Weihnachten wurde in Freising[2]) gefeiert, dann wandte man sich an den Rhein, zunächst nach Worms, von da nach Köln. Am 23. März war die ehemalige Polenkönigin Richeza, die letzte von dem einst so blühenden Geschlechte der Ezzoniden, gestorben.[3]) Anno begrub sie in der von ihm gestifteten Kirche Maria zu den Greden; ebendort fand ihr Neffe Conrad, der 1055 in Ungarn im Exil gestorben war und dessen Leiche der Erzbischof später nach Köln bringen ließ, seine letzte Ruhestätte. Richeza hatte in ihrem Testament das Kloster Brauweiler zu ihrer Begräbnißstätte bestimmt, dem zugleich das Dorf Clotten zufallen sollte. Noch im October 1061, bei der

---

[1]) Ann. Aug. ad a. 1062: Heinricus rex puer ab Annone Col. epo et Ottone Baw. duce imperatrici Agneti surripitur. Qui eodem anno Augustam veniens Heinricum eiusdem civitatis episcopum ad pactionem vocavit, sed ipse Augustam venire renuens Radisponam advenit. Gfrörer II, 16 meint, Otto von Baiern sei nach Augsburg gekommen, um einen Vergleich abzuschließen; das qui geht aber auf den König. — Giesebrecht III, 86 scheint dies so zu fassen, als habe sich Heinrich nachher in Regensburg mit Anno ausgesöhnt. Dem widersprechen dieselben Ann. zu 1063: Heinricus ... a regis familiaribus multis afflictus injuriis ... obiit. Ueber die vermeintliche Anwesenheit der Kaiserin in Regensburg siehe Beilage VI.
[2]) Ann. Alt. Lambert nennt irrig Worms.
[3]) Ihre spätere Grabschrift (siehe Scr. XI, p. 407 Anm. 78) giebt irrig 1057 an. Vgl. dagegen Fund. mon. Brunwil. Scr. XI, p. 407 u. Ann. Brunwil. Scr. II, 216. Ihr Testament bei Martene et Durand Coll. ampl. I, 424. Ueber Conrad Fund. mon. Brunwil. a. a. O. p. 399.

Weihe des Klosters, hatte Anno diese Bestimmung vor dem Altare vorgelesen und jeden, der daran zu rütteln wage, mit dem Bannfluche bedroht. Jetzt aber behauptete er, die Königin habe ihm gegenüber persönlich ausgesprochen, Clotten solle Eigenthum des Klosters sein, das dereinst ihre Gebeine aufnehmen werde; er wies daher das Dorf dem Kölnischen Stifte zu. Es entspann sich ein heftiger Streit zwischen dem Erzbischofe und den um ihre Besitzung gebrachten Mönchen, welche alle Mittel aufboten, um zu ihrem Rechte zu gelangen. Anno selbst sah sich in einer späteren Urkunde veranlaßt, sein Verfahren gegen die vielfachen Angriffe zu vertheidigen und suchte die Ansprüche Braunweilers, die demnach nicht ungegründet gewesen sein müssen, anderweitig abzufinden. Die Mönche ruhten indeß nicht und der Streit zog sich bis zum Jahre 1090 fort; erst da sah sich der Erzbischof Hermann III. in Anerkennung der gerechten Forderung bewogen, dem Kloster das Gut wiederzuerstatten.[1])

Der ganze April wurde in Köln zugebracht; dann zog man nach dem Harze, um in Goslar das Pfingstfest zu feiern. Schon Weihnachten war es dort in der Kirche selbst zu gewaltthätigen Auftritten zwischen den Leuten des Hildesheimer Bischofes und des Fuldaer Abtes gekommen. Es war eine alte Eifersucht zwischen Hildesheim und Fulda, die den Anlaß dazu bot; jeder wollte seinen Sessel dem des Erzbischofes von Mainz am nächsten haben. Die Scenen wiederholten sich Pfingsten, nahmen aber einen sehr blutigen Charakter an. Graf Ecbert von Braunschweig hatte sich mit seinen Leuten hinter den Altar versteckt, fiel dann über die Fuldaer, als sie die Stühle aufstellten, her und verjagte sie aus der Kirche. Alsbald aber kehrten die Vertriebenen bewaffnet zurück, während des Gottesdienstes, im Beisein des Königs und der Fürsten, entbrannte der Kampf. Vergeblich suchte Heinrich zu beschwichtigen; der aufgeregte Bischof forderte vielmehr seine Leute selbst zum Dreinschlagen auf: er übernähme die Verantwortung für die Kirchenschändung. Nur mit Mühe und eigener Gefahr gelang es dem Könige, dem Tumulte sich zu entziehen. Ecbert's Leute siegten endlich und vertrieben die Gegner aus der Kirche, deren Thüren sie verrammelten. Aber nun begannen die Fuldaer eine förmliche Belagerung, erst die Nacht trennte die Erbitterten. Die Hauptschuld trug Graf Ecbert, aber wir wissen, daß er, der Genosse der Kaiserswerther Entführung, mit Anno gut stand. So wurde denn die ganze Schuld auf den armen Widerad von Fulda gewälzt; warum sei er mit einer so großen Menschenmasse, mit solchem Pompe kriegerischer Ausrüstung gekommen. Dem geängstigten, auf den alles einstürmte, blieb nichts übrig, als die Räthe des Königs mit Geld zu gewinnen; ungemeine Summen wandte er darauf, wie uns versichert wird. Gewiß muß davon ein nicht geringer Theil in die Tasche des Erzbischofs von Köln geflossen

---

[1]) Ueber die ganze Sache vgl. Fund. mon. Brunwil.; Vita Wolfhelmi in Scr. XII; die Urkunden bei Lac. I, 220 u. 244.

sein, auf dessen Entscheid es vor allem ankam. Aber als der Abt, von den harten Schlägen gebeugt, in sein Kloster zurückkehrt, findet er auch dort offene Empörung. Eine Anzahl der Mönche war seines strengen Regimentes überdrüssig geworden; zu anderen Klagen, die man gegen ihn hatte, kam nun noch der materielle Verlust in Folge des Goslarer Scandals. So stieg die Erbitterung einzelner bis zum höchsten Grade; der Augenblick schien geeigneter als je, da ja Widerab beim Könige offenbar in Ungnade war. Man beschloß, sich des verhaßten Abtes zu entledigen. Vergeblich suchte dieser durch Flehen und gütliches Zureden die erhitzten Köpfe zu beschwichtigen; es blieb ihm nichts übrig, als nochmals an den königlichen Hof zu eilen, um sich dort Schutz zu erbitten. Kaum hatte er das Kloster verlassen, als auch die aufrührerischen Mönche sich aufmachten, um dem Könige persönlich die Sache vorzutragen. Im feierlichen Aufzuge gingen ihrer sechzehn, das Kreuz voran tragend, ein geistliches Lied singend; einen Mönch hatte man vorausgesandt, um Heinrich vorzubereiten. Aber die Empörer kamen übel an: Anno war nicht geneigt, ein so schnödes Hohnsprechen aller Mönchsregeln zu billigen; auf seinen Rath — und ihm schloß sich Otto von Baiern an, — wurden sie auf's strengste bestraft und dem Abte die volle Gewalt über das Kloster zurückgegeben.[1])

So war denn seit der Entführung Heinrich's ein Jahr dahingegangen, in dem Anno unbestritten den Vorrang unter den Fürsten behauptet hatte. Aber seine Stellung mußte nothgedrungen den Neid der übrigen geistlichen Herren erwecken. War Köln auch eine der ersten deutschen Bischofsstädte, Mainz hatte bisher den Vortritt behauptet, und eine so charakterlose Persönlichkeit Siegfried auch war, gewiß suchte er doch seinem geistlichen Bruder entgegenzuwirken, wenn er auch nicht selbst an die Spitze der Opposition treten konnte. Namentlich kränkte es ihn schwer, daß Burchard das Pallium und so manche Auszeichnung, die sonst nur Erzbischöfen verliehen wurde, von Alexander erhalten hatte, und sich damit nicht wenig brüstete.[2]) „Ein neues Papstthum suche der aufzurichten," schrieb später der erbitterte Metropolitan an Alexander.[3]) Zwar hatte ihn Anno zu begütigen und auf seiner Seite zu halten gesucht, die Schenkung der vom Erzbischofe schon lange begehrten Abtei Seligenstadt[4]) hatte sicher diesen Zweck. Ein weit gefährlicherer Gegner war indessen der Hamburger Erzbischof. Keiner der deutschen Kirchenfürsten hatte bei Heinrich III. so viel gegolten, wie dieser; von dessen Wittwe hatte er manches

---

[1]) Lamb. ad a. 1063.
[2]) Jaffé R. P. 3383, vgl. Lamb. ad a. 1063.
[3]) Cod. Udalr. 128.
[4]) Stumpf 2620. Das „*molesta* inquisitione" ist indeß sicher ein Schreib- oder Druckfehler für modesta inquis., wie der Vergleich mit andern Formeln, modestis precibus, honesta petitione etc. lehrt. Eine offenbare Beleidigung würde man doch nicht in eine Schenkungsurkunde aufgenommen haben.

Zeichen ihrer Gunst erhalten. Gleich nach der Entführung war er an den Hof geeilt, ohne daß es ihm jedoch möglich war, die Pläne der Verschwornen zu durchkreuzen; für die nächste Zeit mußte er sich offenbar mit einer geringeren Rolle begnügen. Aber seine großen Geistesgaben führten ihn bald wieder in den Vordergrund; er wurde, wie es scheint, der Mittelpunkt einer Partei, die den Annonischen Alleinregierungsgelüsten gegenüber trat. Mochte doch auch so mancher heimlich die Herabwürdigung der königlichen Autorität bedauern, und Adalbert repräsentirte ja gewissermaßen die Tradition der alten Kaiserherrlichkeit. Der Kölner erkannte die Gefahr, die ihm drohte; klug entschloß er sich daher nachzugeben, lieber zu theilen, als alles zu verlieren.

So kam es denn, daß Ende Juni 1063 in Allstädt eine neue Regentschaft eingesetzt wurde; Anno wurde unter dem Titel Magister mit der Leitung und Erziehung des Königs beauftragt, Adalbert als Patronus mit der Führung der Reichsgeschäfte. Die Fürsten und Herren beider Parteien mochten sich damit zufrieden geben, die beiden Vormünder aber verschafften sich zur Besiegelung des Compromisses gegenseitig ansehnliche Verleihungen.[1]) Am besten schnitt Anno ab; ihm wurde von dem Könige „der neunte Theil seines Geldes, woher es auch flösse" zur beliebigen Vertheilung an die Kölner Klöster geschenkt. Nichts stellt des Kölners Habgier in ein helleres Licht; das Reich, in dessen Interesse er angeblich die Kaiserin gestürzt hatte, brachte er auf diese Weise um einen beträchtlichen Theil seiner Einkünfte.[2]) Und zugleich blieb seine Stellung eine ungemein feste; den Einfluß auf die Reichsgeschäfte behielt er trotz des veränderten Namens in gleicher Weise.

Bald genug hatten die neuen Regenten Gelegenheit, ihre Functionen auszuüben. Dinge von höchster Wichtigkeit waren zu erledigen. In Italien hatte sich Cadalus mit dem Entscheid Burchard's keineswegs zufrieden gegeben; er war auf's neue früh im Jahre aufgebrochen und nach Rom gezogen, wo ihn seine Bundesgenossen unter dem römischen Adel in ihre Burgen aufnahmen. Benzo versichert, die Kaiserin selbst habe seinen Herrn zu dem Zuge aufgefordert; das ist sicher unwahr, aber nicht minder ist es undenkbar, daß Cadalus den Zug würde unternommen haben, wenn er nicht auf die Unterstützung einer Partei in Deutschland hätte hoffen dürfen. Wir haben schon bei Gelegenheit der Augsburger Synode darauf hingewiesen, daß die Stimmung für Alexander kaum eine durchgängig günstige war. Natürlich konnte Cadalus nur auf Anno's Gegner rechnen, und in der That wandte sich sein Gesandter, der Bischof Benzo, der um die

---

[1]) Siehe Beilage VIII.
[2]) Gfrörer II, 35 betrachtet diese Bewilligung als Entschädigung für die Leiden, die Pfalzgraf Heinrich auf Agnes' Anstiften den Kölnischen Klöstern zugefügt! — Es ist indeß sehr zweifelhaft, ob die Schenkung zur Vollziehung kam; sicher verlor sie nach Anno's Sturz 1065 ihre Giltigkeit.

Zeit des Altstädter Tages ankam, an Adalbert. Aber der Italiener kannte noch nicht den Umschwung, den die Dinge in Deutschland soeben genommen; er wußte noch nichts von Anno's Einigung mit seinem Rivalen. Wenn auch der Hamburger früher dem Parmesaner günstig gewesen sein mag, — man darf mit Sicherheit annehmen, daß er, dem beide Päpste persönlich gewiß gleichgiltig waren, mit dem Erwählten der Kaiserin von vornherein einverstanden war, — so schloß jetzt sein Bündniß mit Anno die Unterstützung desselben selbstverständlich aus. Aber die Anerkennung, die Burchard ausgesprochen, trug doch nur den Charakter des Provisoriums; zudem war durch Cadalus' Zug nach Rom, der seinen Gegner in nicht geringe Bedrängniß setzte, eine neue Phase eingetreten. Es war dadurch unumgänglich nöthig geworden, die Sache durch ein ohnedies schon in Augsburg verheißenes Concil zur definitiven Erledigung zu bringen.[1]

Und gerade um diese Zeit ertönte auch von entgegengesetzter Seite der Ruf nach einem Concil; Damiani hatte sich, freilich ohne Vorwissen Hildebrand's und Alexander's, mit der Bitte darum an den Kölner gewandt.[2] Auf's höchste preist der Cardinal den Bischof, einen zweiten Joas nennt er ihn, der mit dem jungen Könige zugleich das Reich errettet habe. „Auch an die Kirche hast Du die Hände Deiner Klugheit gelegt, indem Du Dich bemüht hast, den schuppigen Nacken der Parmenser Bestie mit der Kraft des evangelischen Schwertes zu durchhauen und den Vorsteher des apostolischen Sitzes auf den Stuhl seiner Würde zurückzuführen." Aber das begonnene Werk sei noch nicht vollendet, noch stehe in voller Kraft da der Verwirrer der heiligen Kirche, der Feind des Menschenheiles, die Wurzel des Uebels, der Herold des Teufels, der Apostel des Antichrists, der Pfeil aus dem Köcher des Satans, die Ruthe Assur's, der Sohn Belial's, der Sohn des Verderbens; noch versuche er, seine ehebrecherischen Gelüste an der römischen Kirche auszuüben. Deshalb möge Anno so schnell wie möglich ein allgemeines Concil zu Stande bringen, damit es der christlichen Religion durch seine Bemühungen möglich sei, sich der Ruhe zu erfreuen, damit, während Reich und Kirche des gewünschten Friedens durch ihn genössen, Gott ihm die Belohnungen des ewigen Friedens zu Theil werden lasse. Man sieht, welchen Einfluß Damiani dem Bischofe zuschreibt, wie er zugleich von dessen Thätigkeit erbaut war. Freilich Anno hatte Agnes gestürzt, welche den Gegenpapst erwählt; das genügte für den übereifrigen alten Mönch, um ihm den vollen Lorbeerkranz für sein Verdienst um Staat und Kirche zu reichen.

Schon in Altstädt kam, wie es scheint, die kirchliche Angelegenheit zur Sprache und wurde zur Berathung derselben eine Versammlung auf den Herbst anberaumt, der zugleich die ligurischen Bischöfe beiwohnen sollten. Aber die entschiedene Wendung des Blattes gegen

---

[1] Ueber dies alles ausführlich mein Aufsatz in den Forschungen VI, 507 ff.
[2] Dam. epp. III, 6.

Cadalus bewies schon, daß nun Wibert vom Kanzleramte entfernt wurde; sein Nachfolger war Bischof Gregor von Vercelli.[1]

Auch auf den Osten des Reiches, auf Ungarn, richteten sich die Blicke der neuen Reichsverweser; dort war ihre Thätigkeit dringend erforderlich. Salomon, der Sohn des Königs Andreas, hatte sich im Jahre 1058 mit Sophie, der Schwester Heinrich's verlobt; die noch sehr jugendliche Braut war alsbald nach Ungarn gegangen. Aber bald darauf hatte des Königs Bruder Bela, unterstützt von dem kühnen Polenherzoge Boleslaw, sich empört; das Heer, welches die Kaiserin unter dem Befehle des Bischofes Eppo von Zeitz und der Markgrafen Wilhelm und Ernst 1060 nach Ungarn schickte, war trotz Wilhelm's staunenswerther Tapferkeit völlig geschlagen worden; der alte Andreas selbst kam im Schlachtengetümmel um. Von nun an herrschte Bela ohne Anfechtung; Salomon und Sophie flüchteten nach Deutschland und hielten sich in der Folgezeit am Hofe auf. Drei Jahre dauerte diese Schmach für das Reich; erst im Herbste 1063 konnte man daran denken, sie zu tilgen. Im September waren die umfangreichen Rüstungen beendet; der junge König selbst begleitete das Heer, welches Otto von Nordheim, der treffliche Kriegsheld, befehligte; während Anno zurückblieb, um für das Reich selbst Sorge zu tragen, zog Adalbert mit seinem jungen Herrn in's Feld. Mit besonderem Stolze mochte es den Bremer erfüllen, daß ihm selbst ein Herzog, Otto von Sachsen, als Lehnsmann folgte, eine freilich theuer erkaufte Ehre. Der Zug hatte einen überaus glänzenden Erfolg; als das Heer, ohne Widerstand zu finden, schon bis Mysburg vorgedrungen war, ereilte den König Bela ein jäher Tod, während sein Sohn Geisa sich nur durch schnelle Flucht rettete. Salomon wurde darauf nach Stuhlweißenburg geleitet, wo er als Vasall des deutschen Königs die Krone empfing. In nicht ganz zwei Monaten war der Feldzug beendet; seine Leiter umstrahlte daher hoher Ruhm.[2] Und nicht minder mag der junge König, dessen Herz sich so lebhaft nach dem wilden Waffentanze sehnte, durch die Kriegsthat freudig angeregt und in ihm der Wunsch nach Selbständigkeit geweckt worden sein.

Am 24. October war der König wieder in Regensburg und traf mit Anno zusammen. Eine überaus glänzende Versammlung faßte damals die Mauern dieser Stadt: die Erzbischöfe von Mainz, Köln und Hamburg, die Bischöfe von Bamberg, Halberstadt, Passau und Würzburg, die Herzöge Otto und Berthold, der Markgraf Otto von Thüringen, der Pfalzgraf Friedrich, der Graf Ebert werden in Urkunden aufgeführt. Auch lombardische Bischöfe waren erschienen; die Kirchenfrage bildete auf's neue den Gegenstand der Berathung. Vergeblich erhob Romuald von Constanz seine Stimme für Cadalus; man einigte sich dahin, auf einer im folgenden Jahre in Italien zu

---

[1] Wibert recognoscirt zum letzten Male 1063 Juni 24, Gregor zum ersten Male 1063 Sept. 27. Stumpf 2621 u. 2630.
[2] Vgl. Giesebrecht III, 61 ff. u. 96 ff.

haltenden Synode Alexander anzuerkennen und diesen persönlich zu
derselben einzuladen.¹) — Auffallend große Schenkungen wurden damals Adalbert auf Anno's Verwenden zu Theil; mehrere Grafschaften
überließ ihm der König. Und so sehr der Bremer bereits das Herz
Heinrich's gewonnen haben mochte, so ist es doch ganz unwahrscheinlich, daß er diesem allein die reichen Gaben zu verdanken hatte.
Fast möchte man einmal Gfrörer's Ansicht theilen,²) daß sie zusammenhingen mit der verhandelten Sache, daß durch sie Adalbert's letzter
Widerstand gegen Alexander's Anerkennung beseitigt werden sollte.
Der Papst selbst warb um die Gunst des Erzbischofs, er trug
Sorge, dessen Ansehen in den nördlichen Ländern zu befestigen.³)
Aber noch zu andern Zwecken bedurfte Anno die Zustimmung
seines Amtsgenossen. Der Tod Engelhard's von Magdeburg bot
ihm willkommene Gelegenheit, ein Mitglied seiner Familie auf den
erledigten Stuhl zu bringen. Ganz im Gegensatze zu Adalbert begünstigte der Kölner seine Verwandten; seine ganze Familie war ihm
an den Rhein gefolgt, wie daraus hervorgeht, daß man in Siegburg
genau ihren Todestag kannte; einen Theil hatte er in geistlichen
Aemtern untergebracht. Das Magdeburger Capitel hatte einhellig den
Präpositus und Kanzler des Königs, Friedrich, gewählt, der sich schon
manche Verdienste um das Bisthum erworben hatte. Aber Anno
wußte den König zur Nichtanerkennung dieser Wahl zu vermögen;
seinen Absichten gegenüber mußten die canonischen Bestimmungen
schweigen. Zum Glücke fügte es sich, daß im November auch der
Bischof Robert von Münster starb, mit dessen Bisthum man Friedrich
abfand, während Anno's Bruder Wecilo, bis dahin Präpositus in
Köln, den Magdeburger Bischofsstab erhielt.⁴) Eine nicht geringe
Stärkung der Partei des Kölners.

Im December kehrte Heinrich mit Anno nach Köln zurück; dort
feierte man Weihnachten. Bald nach dem Feste brach man wieder
auf und zog rheinaufwärts, dann über Augsburg, wo man wahrscheinlich der Consecration des neuen Bischofs Embrico beiwohnte,
nach Basel. Als man im Januar in Tribur weilte, war auch Agnes
auf einige Tage an den Hof gekommen, vielleicht veranlaßte sie dazu
die jetzige Theilnahme Adalbert's am Regiment. Bei Basel wandte
man wieder um und kehrte an den untern Rhein zurück; in Lüttich
wurde das Osterfest begangen. Die Vermählung Robert des Friesen
mit Gertrud, der Wittwe des Grafen Florentius von Holland, erregte allgemeine Aufmerksamkeit und rief große Befürchtungen hervor:⁵)
doch kam es nicht zum Kriege. Indessen trug man gleich darauf in

---
¹) Vgl. Forsch. VI, 515 ff. — Das über die Alt. Ann. gesagte ist freilich
nunmehr erledigt; trotzdem halte ich an meiner Ansicht fest, mich stützend auf
die Sachlage und den Annonischen Brief.
²) a. a. O. II, 17.
³) Jaffé R. P. 3375 u. 3376. Vgl. dazu Giesebrecht III, 1067.
⁴) Chron. Magdeburg. bei Meibom II, 288.
⁵) Vgl. die angeführten Stellen bei Giesebrecht III, 1078.

Kaiserswerth Sorge, die Grenze durch umfassende Verfügungen für die Utrechter Kirche sicher zu stellen; die vier Erzbischöfe von Mainz, Trier, Bremen und Köln, sowie die zunächst betheiligten Herzöge Gottfried, Friedrich und Gerhard nahmen an den betreffenden Verhandlungen Theil.[1]

Es war nun für Anno die höchste Zeit, nach Italien aufzubrechen, um die Synode abzuhalten, welche man für das Pfingstfest nach Mantua berufen hatte. Mit einer stattlichen Schaar von 300 Bewaffneten zog er über die Alpen; zugleich begleitete ihn eine große Zahl von Bischöfen und Fürsten, unter diesen wahrscheinlich Otto von Baiern. Gottfried scheint in Deutschland zurückgeblieben zu sein.[2]

Für Cadalus schlug nun endlich die Erlösungsstunde. Als sein Geld zur Neige ging, war es auch mit der Treue der römischen Großen zu Ende. Im Thurm des Cencius saß er wie ein Gefangener fest; erst die Vorladung zum Concil, wie es scheint, befreite ihn aus seiner traurigen Lage. Doch sollen ihn die Römer nicht eher entlassen haben, bis er nicht mit 300 Pfund Silber ihre Habgier befriedigt hatte.[3]

Alexander war durch Cunibert von Turin und den Canzler Gregor zum Concile eingeladen worden. Die Citation war ihm sowie Hildebrand äußerst unwillkommen; nachdem der Sieg über den Gegner zweifellos davongetragen war, kam es ihnen schwer genug an, noch einmal ihre Sache der Entscheidung einer Kirchenversammlung und dem Willen des deutschen Königs zu unterwerfen. Der Cardinal Damiani mußte für seinen Brief an Anno sich die schwersten Vorwürfe sagen lassen, die ihn nicht wenig in den Harnisch brachten.[4] Aber es blieb für Alexander nichts anderes übrig, als das einmal berufene Concil zu besuchen; Hildebrand dagegen blieb grollend zurück. — Der Parmenser verweigerte sein Erscheinen, wenn ihm nicht von vornherein der Vorsitz zugesagt würde; ein Verlangen, das Anno natürlich ohne weiteres zurückwies. So blieb denn jener in Aqua Nigra mit großer Begleitung stehen; durch Zwischenträger unterhielt er lebhaften Verkehr mit der Stadt und empfing von allen Vorgängen die genauesten Nachrichten.

Am zweiten Pfingstfeiertage, dem 31. Mai, wurde die auch von Italienern überaus zahlreich besuchte Versammlung mit Gebet eröffnet. Nachdem Alexander über den Frieden und die Eintracht der Kirche gesprochen, forderte er alle auf zu reden, welche dem Concile etwas vorzulegen hätten. Anno erhob sich und sprach: „Der König und des Reiches Fürsten haben vernommen, wie viele, welche die

---

[1] Stumpf 2644 u. 2645.
[2] Benzo p. 632. Bonitho p. 647. Vgl. Forsch. VI, 520.
[3] Ann. Rom. p. 472. Bonitho p. 646. Alexander's Brief an Gervasius, Jaffé R. P. 3392, der mit Sicherheit in 1063 gehört, da der darin erwähnte Abt von St. Medardus von Damiani verdammt worden war (Jaffé a. a. O. 3395). Letzterer war im Sommer 1063 in Frankreich.
[4] Dam. epp. I, 16.

Wahrheit ihrer Aussage versichern, über dich berichten, daß du durch simonistische Ketzerei auf den apostolischen Stuhl gelangt seiest, und obgleich du dir eines so großen Verbrechens bewußt warst, die Normannen, des römischen Reiches Feinde, als Freunde und Bundesgenossen an dich gezogen habest, um mit ihrer Hilfe gegen die Vorschriften der Kirche, gegen den Willen des Königs, diese deine Stellung zu erlangen: deßhalb hat uns der König geschickt, damit wir sehen, was daran wahres sei." Hierauf antwortete Alexander: „Ihr wißt, theuerste Freunde, wenn meine Ankläger wahr sein oder scheinen wollten, so würde es sich ziemen, daß sie ebenso wie ich dieser Versammlung beiwohnten. Auf die Vorwürfe zu antworten, könnte mich niemand zwingen, wenn ich es nicht freiwillig thäte; denn wir alle wissen: es ziemt sich nicht, daß der Schüler den Lehrer anklage oder beurtheile. Aber damit nicht die heilige Kirche Gottes an mir Anstoß nehme, so versichere ich jetzt und schwöre bei dem, das wir feiern, bei der Ankunft des heiligen Geistes, daß ich mein Gewissen niemals mit simonistischer Ketzerei befleckt habe, sondern sie haben mich trotz Widerspruchs und trotz Widerstrebens herbeigezogen und wider meinen Willen auf den apostolischen Stuhl gesetzt und geweiht. Und das haben die gethan, welchen, wie wir ja alle wissen, nach dem alten Brauche der Römer die Sorge und die Befugniß der Wahl und der Weihe des Papstes obliegt. Ueber mein Bündniß aber und meine Freundschaft mit den Normannen antworte ich hier nichts; sondern wenn mein Sohn der König selbst nach Rom kommen wird, um den Segen und die Kaiserkrone zu empfangen, dann wird er selbst einsehen, was daran wahr ist!" Alle meinten darauf, er habe sich trefflich von den Vorwürfen gereinigt und billigten seine Wahl. Der Clerus aber sang: Herr Gott, dich loben wir. Als wieder Stillschweigen geboten, brachte Alexander die Sprache auf Cadalus, den er selbst als Ketzer bezeichnete. Da keiner für ihn das Wort zu ergreifen wagte, sprachen sämmtliche Anwesende, Deutsche wie Italiener, das Anathem über ihn aus. Damit schloß der erste Tag.

Am zweiten Tage sollten andere Kirchenfragen verhandelt werden; Anno war entweder zufällig oder von den Absichten der Parmenser unterrichtet, nicht erschienen. Kaum hatte man die Versammlung eröffnet, als ein Schwarm der Anhänger des Gegenpapstes hereinbrach und dem Ketzer Alexander den Tod drohte, während andere Mantua's Straßen durchtobten. Entsetzt stoben die Versammelten auseinander; nur der Abt Wenzel von Altaich, „der die Sitte der Lombarden kannte, viel zu drohen und wenig zu wagen," trat kühn den Eindringlingen entgegen und schirmte den Papst. Bald erschien auch Beatrix mit bewaffneter Mannschaft; der Aufruhr wurde ohne große Mühe beschwichtigt. Zwei Tage brachte man noch mit Berathungen zu; dann kehrte ein jeder in seine Heimath zurück.[1])

---

[1]) Ganz nach den Ann. Alt. ad a. 1064. Gfrörer läßt Anno den ganzen Sommer 1064 in Italien beim Papste verweilen und knüpft daran die merk-

Zwar war nun Cadalus völlig besiegt, mit seinen Ansprüchen für alle Zeiten zurückgewiesen; aber ihn ganz zu vernichten und seines Bisthums zu berauben, war Alexander nicht im Stande. Und Cadalus selbst entsagte Zeit seines Lebens der einmal erlangten Würde nicht; er fuhr fort, sich „erwählter Papst" zu nennen, er übte in seinem Sprengel die geistlichen Functionen als solcher aus. Zwar konnte er nicht zum dritten Male den Versuch wagen, mit Gewalt den geforderten Stuhl zu erobern; aber er sollte seinem siegreichen Gegner noch manche sorgenvolle Stunde bereiten.

Die ziemlich ausführlichen Nachrichten über das Concil beruhen auf dem Berichte eines Augenzeugen, des Altaicher Abtes Wenzel, wenn sie vielleicht auch nicht von diesem selbst niedergeschrieben sind. Sie sind demnach vom höchsten Werth, umsomehr, da auch anderweitig die Zuverlässigkeit der Quelle, der sie entstammen, bekannt ist. Das ersehen wir zunächst, welchen Vorwurf man in deutschen Landen vor allem dem Papste machte, was die ernstesten Befürchtungen hervorrief: in erster Linie stand der Bund mit den Normannen, „den Reichsfeinden". Freilich zwangen die Verhältnisse, die der Kölner Erzbischof einmal geschaffen, ihn dazu, sich mit des Papstes nichtssagender, ausweichender Antwort zu begnügen. Ueberhaupt waren die Verhandlungen formlos, die Prüfung der Thatsachen überaus flüchtig; das ganze macht geradezu den Eindruck einer Comödie. Und in der That war das Concil nichts anderes; stand doch die Anerkennung Alexander's von vornherein fest. Gewiß hatten die Urheber keinen andern Zweck, als das Wahl- und Bestätigungsrecht des deutschen Königs vor aller Welt noch einmal zur Geltung zu bringen. Wenn auch die deutschen Herren sich nicht scheuten, im eigenen Lande des Oberhauptes Gewalt zu verkümmern, nach außen hin bemühten sie sich, den Glanz des Reiches zu erhalten; fiel er doch auf sie selbst zurück. Aber gleichwohl war ihr Bemühen eitel; es war ein unheilbarer Riß in dem Verhältniß der Curie zum Könige, wie es bis 1061 bestanden, hervorgerufen worden. Sobald man einmal einen Papst anerkannte, dessen Wahl nicht legal war, warf man die bisher erhobenen Ansprüche über Bord, gestand man die Unabhängigkeit zu. Das ist die große Bedeutung des Mantuaner Concils, über das zu zürnen Alexander und Hildebrand wahrlich wenig Grund hatten. Die Wahlacte des Nicolaus konnte als völlig beseitigt angesehen werden, Alexander selbst ignorirte sie ganz und gar. Einen schlechten Dienst

---

würdigsten politischen Actionen. Aber die Urkunden bezeugen, daß der Erzbischof gleich nach dem Concile an den Hof zurückkehrte; aus Anno's Brief von 1065 geht gleichfalls hervor, daß er damals nicht in Rom war. Auch vor dem Concile kann Anno nicht in Rom gewesen sein, wie seine Regesten zeigen. Lambert's Angabe ist ungenau, wie alles, was er von italischen Verhältnissen anführt; Bonitho's Erzählung erweist sich schon auf den ersten Blick als Erdichtung, die des Papstes Sache in möglichst glänzendes Licht stellen und die damals noch vorhandene Abhängigkeit vom deutschen Hofe wegleugnen soll. Ueber die Zeit des Conciles habe ich ausführlich gehandelt in meiner Dissertation De concilio Mantuano. Berolini 1865 und in den Forschungen VI, 521—526.

hatten die Bischöfe-Vormünder da ihrem Mündel geleistet! Und wie es scheint, fehlte es in Deutschland nicht an Männern, die das mit scharfem Blicke erkannten; der Kölner hatte bald bitter zu klagen, wie hart man ihn wegen des Mantuaner Concils angriff.¹) Er trug die Hauptschuld; war doch alles nur die unvermeidliche Consequenz von Kaiserswerth.

Mittlerweile war Adalbert in des Königs Gunst mehr und mehr gestiegen; schon der Ungarnzug im vorigen Jahre hatte ihn dem Jünglinge mehr genähert. Sein ganzes Wesen war geeignet, das Herz des verlassenen Kindes zu gewinnen. Die wärmste Liebe und Zuneigung hegte Adalbert zum Sohne seines Gönners und Freundes und that alles, ihm sein unglückliches Loos zu erleichtern, wenn er auch schließlich sich der Versuchung nicht entziehen konnte, die Lage zu Gunsten seiner Kirche auszubeuten. Es ist bekannt, wie schwere Vorwürfe von gleichzeitigen und späteren Schriftstellern dem Bremer gemacht worden sind: er habe, um den Knaben leichter nach seinen Zwecken leiten zu können, den Launen des Frühreifen alle Zügel schießen lassen, ja, er habe ihn sogar zu schlechten Dingen verführt. Aber das Bild, welches die Quellen von Adalbert entwerfen, zeigt ihn uns, so große Fehler seinen Charakter auch sonst entstellten, als einen sittenreinen, den gemeinen Lastern völlig abgewandten Menschen; wie sollte er da dem Knaben mit schlechtem Beispiele vorangehen? Freilich mag er, durch zärtliche Liebe geblendet, manche Jugendschwächen seines Schutzbefohlnen ignorirt haben; dachte doch auch die Zeit über dergleichen Dinge leichtfertiger als wir. Und neuere Forschungen haben genugsam den Ungrund der Verläumdungen erwiesen, die über Heinrich's Privatleben allenthalben ausgesprengt wurden. Zu Adalbert's freundlichem und schmeichelndem Wesen stand Anno's Verhalten im vollen Gegensatze. Er selbst liebte es, sich seines Auftretens bei Hofe zu rühmen, wie er allen schrecklich und furchtbar, mit hoch erhobenem Haupte durchbohrende Blicke rings umher richte. Und alle hegten sie vor seinem herben Tadel geheime Scheu; da war keiner, der nicht bei Anno's Hereintreten die geziemende Haltung einnahm, seine Kleidung und sein Haar ordnete und selbst die Lebhaftigkeit seiner Geberden zügelte.²) Wie mochte er da dem Kinde furchtbar sein, dessen Herz er durch den Raub so schwer verletzt; wir hören wohl, daß in seiner Gegenwart Heinrich gleichsam unter einem Zauber stand und kaum zu reden wagte; auch die andern Fürsten schwiegen, wenn der Erzbischof seine Meinung aussprach und erhoben gegen seine Vorschläge keine offene Opposition.³) Doch blieb Anno's Einfluß bis zum Concile und darüber hinaus ungebrochen; er kehrte von demselben

¹) ... memor omnium quae mihi Mantuam eunti ante et retro in via illa, domi quoque parata fuerant. S. später Anno's Brief an Alex. v. 1066 bei Giesebrecht III, 1192.
²) Vita Ann. p. 474. Tri. sci. Rem. p. 444.
³) Eo audito rex et omnes qui cum eo aderant siluerunt nec unquam michi postea inde verbum fecerunt. S. den oben citirten Brief Anno's.

alsbald an den königlichen Hof zurück. Dort war auch die Kaiserin wieder erschienen, die nun für längere Zeit bei ihrem Sohne blieb. Und so sehr sie sich den geistlichen Dingen widmete, es scheint doch, als wenn ein gewisser Einfluß auf die Geschäfte ihr wieder eröffnet wurde; die Urkunden nennen häufiger ihren Namen, während Anno und Adalbert bis zum April des folgenden Jahres nicht mehr erwähnt werden. Der König scheint demnach nunmehr eine selbständigere Stellung gewonnen zu haben, eine Vorbereitung seiner Mündigkeitserklärung, die bald erfolgte.

Am 29. März 1065 wurde der nun fast fünfzehnjährige König in Worms nach alter Sitte mit dem Schwerte umgürtet und damit für erwachsen und mannbar erklärt; die Regierung kam nunmehr ganz in seine Hände. Herzog Gottfried fungirte als Schildträger, Eberhard von Trier vollzog die Weihe; die Kaiserin und Adalbert wohnten der Feierlichkeit bei.[1]) Gewiß auch Anno; seine bisherige Stellung zum Könige erheischte das, und einige Tage darauf bestätigen Urkunden seine Anwesenheit in Mainz. Adalbert scheint vor allen auf Heinrich's Wehrhaftmachung gedrungen zu haben, die ja auch dem deutschen Rechte gemäß schon vollzogen werden konnte; die andern Fürsten standen ihr nicht hindernd entgegen, wie schon Gottfried's Theilnahme bezeugt. Den größten Vortheil davon hatte unleugbar Adalbert; bald drängte er alle andern Fürsten in den Hintergrund. Lambert von Hersfeld weiß genau zu erzählen, wie nur der Kaiserin Bitten den jungen König davon abhalten konnten, daß er nicht alsbald dem Kölner seine neuen Waffen fühlen ließ. Die Folgezeit lehrt indeß, daß Heinrich wie Adalbert die Bedeutung ihres Gegners zu schätzen wußten und sich seiner zu versichern suchten, wenn sie auch nicht geneigt waren, ihn fürderhin die erste Rolle spielen zu lassen.

In Mainz fand in den ersten Tagen des Aprils wahrscheinlich eine Berathung der Fürsten statt; es galt, die Vorbereitungen zum Römerzuge zu treffen. Alexander selbst hatte auf dem Mantuaner Concil die Anwesenheit Heinrich's in Rom als nahe bevorstehend bezeichnet; in Italien erwartete man nun seine Ankunft mit solcher Gewißheit, daß die Aebte sich bereits mit kostbaren Geschenken versahen, um dem Herrscher ihre Verehrung zu bezeugen. Im Mai sollten sich die Herren in Augsburg versammeln; von da wollte man durch die Trientiner Pässe ziehen. Anno und Gottfried dagegen dachten den Marsch über Burgund zu machen und sich in Verona mit den übrigen zu vereinen, da auf dem andern Wege zu befürchten stand, daß weder Nahrungsmittel noch Futter für die Pferde im hinreichenden Maße vorhanden sein würden. Da gab der König, der schon in Augsburg eingetroffen war, plötzlich den Zug auf, eiligst ließ er Anno und Gottfried durch Boten benachrichtigen und zur Einstellung der Rüstungen auffordern.[2])

---

[1]) Lamb. ad a. 1065. Berth. ad a. 1065.
[2]) Vgl. Ferich. VI, 523 ff.

Die Gründe, welche Heinrich zur Einstellung des Zuges bewogen, sind nicht klar. Nicht unmöglich ist es, daß man erst die Rückkehr der zahlreichen Bischöfe und Herren, die nach Jerusalem und dem heiligen Lande gefahren waren, abwarten wollte, die binnen wenigen Wochen erfolgen mußte; vielleicht auch, da der Zug auf den nächsten Herbst verschoben wurde, wollte man die heiße Jahreszeit verstreichen lassen, deren Verderblichkeit für die deutschen Krieger schon mannigfache Erfahrungen gelehrt hatte. Der Groll gegen Adalbert ließ Anno zwar einen andern Grund erblicken: den jetzigen Rathgebern seines Herrn sei es unerwünscht gewesen, daß er und Gottfried sich am Zuge hätten betheiligen wollen. Aber so offen auch der Erzbischof dies gegen den Papst aussprach, so wenig ist es glaublich.[1]) Der Brief an Alexander ist vortrefflich geeignet, uns einen tiefen Einblick in des Absenders Seele thun zu lassen. Seine unbemessene Herrschsucht, der tiefe Groll, durch einen andern verdrängt zu sein, kann sich nicht deutlicher, nicht energischer aussprechen; aber mag der Bischof auch für den Augenblick in eine untergeordnetere Stellung verwiesen sein, dennoch ist er nicht geneigt, sich dem friedlich zu fügen; alles will er aufbieten, um den einmal besessenen Einfluß wiederzuerlangen, keinen Schritt will er zurückweichen. Mit bittrer Ironie spricht er von dem Könige und seinen Räthen, die nun glauben, seiner entbehren zu können; trotzdem wolle er mit seinem Rathe nicht fehlen. Aber nicht minder energisch spricht er mit dem Papste. Man scheint in Rom gewaltige Sorge vor dem Römerzuge gehabt zu haben, trotz des Mantuaner Concils fühlte sich der Papst nicht sicher auf seinem Stuhle. Auch Anno' selbst traute man nicht; man hegte gewaltige Besorgnisse vor seinem unbeschränkten Ehrgeize. Schrieb man ihm doch sogar Absichten auf den päpstlichen Stuhl zu. Aber danach trug der Kölner wahrlich kein Gelüst; die Stellung, die er in Deutschland eingenommen hatte und wieder einnehmen zu können hoffte, war eine einflußreichere, gewinnbringendere für ihn, als es die Nachfolge Petri gewesen wäre. Wahrlich, die Träger der Tiara führten damals ein sorgenvolles Dasein. Darum beruhigte er Alexander: er habe keineswegs solche Pläne im Auge; er könne den Papst nur bedauern, wenn ein Mann von solcher Heiligkeit und

---

[1]) Die Worte des Briefes (bei Giesebrecht III, 1191): Poteramus etiam ego et dux Godefridus ex benignitate domni nostri regis, ipso in Italiam eunte, domi remanere klingen freilich so, als habe der König den beiden vorher angeboten, sie von der Theilnahme am Zuge zu befreien. Aber die Worte scheinen doch nur aus dem Sinne des Erzbischofs gesagt zu sein: wir hätten können zu Haus bleiben, dem Könige wäre das ganz angenehm gewesen, meint Anno. Denn Gottfried's, des mächtigsten Herren Italiens, Theilnahme am Römerzuge war für den König unentbehrlich; der Herzog muß auch bei demselben in Gunst gestanden haben, da er kurz vorher bei des Königs Waffnung das Ehrenamt des Schildträgers bekleidet hatte. Endlich konnte Adalbert für den Herbst ebensowenig hoffen, die beiden Nebenbuhler von der Theilnahme am Zuge zurückzuhalten. Ueber die Zeit, in die der Brief zu setzen, siehe Forschungen VI, a. a. O.

Klugheit durch derartige Gerüchte sich das Herz habe schwer machen lassen. Im Gegentheil, wie er allein es bisher gewesen sei, der Alexander gestützt und zur Anerkennung gebracht, so werde er auch ferner in seiner Dienstwilligkeit beharren; der Papst könne unbesorgt sich auf seine gute Sache verlassen und seines — des Schreibers — Eifers für sein Wohl gewiß sein. — Man sieht, wie selbstbewußt Anno auftrat; nicht wie der Untergebene zu seinem Herren, von dem er etwas erwarten könne, sondern wie der Meister zu seinem Geschöpfe, das von ihm abhängt, spricht er zum Papste.

Von Augsburg wandte sich der König nach der Schweiz; es scheint, als ob schon damals die Hochzeit mit Bertha in nähere Aussicht genommen war, vielleicht hatte sie bei Gelegenheit der Romfahrt vor sich gehen sollen. Wenigstens traf der König damals mit seiner Verlobten zusammen. Dann ging man stromabwärts nach Trier, der Herbst wurde im Harze zugebracht.[1]) An die aufgeschobene Romfahrt dachte man nicht mehr; unleugbar war das, wenn man die Ereignisse der Folgezeit bedenkt, für Heinrich's Interessen die erheblichste Schädigung.

Aber Adalbert hatte damals anderes im Sinne: die Vergrößerung und Verherrlichung seines Bisthums erfüllte ihn ganz und gar. Schon lange hegte er Pläne gegen die überreichen Abteien Lorsch und Corvey, deren Einkünfte seiner armen Kirche trefflich zu statten gekommen wären; der König hatte sie ihm bereits im Frühjahr mündlich zugesagt. Und Adalbert war schlau genug, um dem Neide und Widerspruche der übrigen Fürsten zu entgehen, auch diese durch reiche Schenkungen zu gewinnen. Wie Mainz schon früher Seligenstadt erhalten hatte, so empfingen jetzt die Herzöge von Baiern und Schwaben, die Bischöfe von Constanz, Speier, Freising, Brixen Abteien vom Könige zum Geschenk, zu nicht geringem Entsetzen der in ihrer Selbständigkeit schwer bedrohten Mönche.[2])

Vor allen mußte Anno gewonnen werden, das sah Adalbert ein und trat ihm wieder nahe. Gern war dieser bereit, seinen Haß zurückzudrängen und den günstigen Augenblick zu benützen, während er heimlich unausgesetzt am Sturze seiner Nebenbuhler arbeitete. Auf diese Zeit mag am meisten das Wort Adam's passen: die Zunge beider schien Frieden zu verkündigen, aber ihre Herzen begegneten einander im tödtlichen Hasse.[3]) — Im Juni hatten sich in Trier eine große Anzahl der Fürsten und Bischöfe versammelt; auch Anno erschien und nahm seine Wohnung in dem Kloster des heiligen Maximin, dessen Abt Theodorich sich der Freundschaft des Erzbischofs rühmte. Alles bot er auf, um seinem hohen Gaste den Aufenthalt zu einem möglichst angenehmen zu machen. Aber er sollte bitter getäuscht

---

[1]) Vgl. Stumpf 2669—2682, besonders 2672.
[2]) Vgl. Giesebrecht III, 118 ff.
[3]) Adam. Brem. III. c. 33.

werden und schweren Undank ernten. Theodorich war zu gleicher
Zeit Abt des Klosters Stablo, welches in der Lütticher Diöcese lag.
Mit diesem war das Kloster Malmedy untrennbar verbunden, ein
Abt sollte beiden Klöstern vorstehen. Da aber letzteres im Kölner
Sprengel lag, hatten die Erzbischöfe von jeher danach gestrebt, es in
ihre Gewalt zu bringen, wobei ihnen die Malmedyer Mönche, durch
ihre Abhängigkeit geärgert, gern in die Hände arbeiteten. Die Aebte
von Stablo hatten daher Sorge getragen, ihre Privilegien und namentlich das der Untrennbarkeit von Zeit zu Zeit sich durch Kaiser
und Päpste erneuern und bestätigen zu lassen. Darum bemühte sich
nun auch Theodorich; er erlangte vom Könige eine dahin zielende
Urkunde, die öffentlich im Beisein sämmtlicher Fürsten vorgelesen
wurde. Aber schon waren die Erzbischöfe mit einander Handels eins
geworden: Anno hatte sich Malmedy nebst Cornelismünster und
Vilich vom Könige schenken lassen. Eben gab der Abt dem Erzbischofe das geziemende Geleit, als ihn die Kunde ereilte, Kölner
Abgesandte hätten sich in den Besitz des Klosters gesetzt. Eiligst
wandte sich Theodorich dorthin, um die Hilfe des Klostervogtes, des
Herzogs Friedrich, anzurufen, der auch bereit war, seine Sache
nöthigenfalls mit Gewalt zu vertheidigen und kriegerische Anstalten
traf. Aber der Usurpator war des königlichen Beistandes sicher; Abt
und Herzog erhielten den gemessenen Befehl, sich ohne Widerstand zu
fügen. Zugleich ernannte auch Anno seinerseits einen Klostervogt,
den Grafen Conrad, den Neffen Friedrich's, einen gewaltthätigen
Mann. Der widerspenstige Abt wurde nach Tribur an den Hof
berufen, wo Anno anwesend war, dem eine neue Schenkung für
Siegburg zu Theil wurde. Vergeblich sträubte sich der Abt mit der
größten Hartnäckigkeit; nur wenn man den Stab in Stücke zerbreche,
werde man ihn seinen Händen entreißen. Einen ganzen Monat wurde
er zurückgehalten; endlich entließ man ihn, ohne ihn zur Nachgiebigkeit
bewogen zu haben, aber auch ohne Restituirung Malmedy's. Es
sollte ihn bald noch ein härterer Schlag treffen: der Tod seines treuen
Beschützers, des Herzogs Friedrich, zerstörte seine letzten Hoffnungen.
Nun zögerte auch der Erzbischof nicht länger, sich in den vollen Besitz
der Abtei zu setzen: sein Vogt besetzte sie, „wie ein Engel von den
Mönchen empfangen;" diese wurden angewiesen, sich einen Abt zu
bestellen. Als sie sich indeß nicht über jemanden aus ihrer Mitte
einigen konnten, schickte Anno den Abt Tegeno von Braunweiler, den
er damit vielleicht für das entfremdete Clotten entschädigen wollte. Da
mit Sicherheit zu erwarten stand, daß Gottfried der Nachfolger
Friedrich's im Herzogthume sein würde, beschloß Theodorich, sich an
ihn anzuschließen; er trug ihm daher die erledigte Vogtei an. Der
Herzog übernahm sie zwar, aber er dachte nicht im entferntesten
daran, in gleicher Weise, wie das Friedrich gethan, dessen Aebte zu
schirmen; war er doch mit Anno eng verbunden. Alles was er that
war, daß er den Abt nach Goslar an den Hof geleitete; den Wider-

stand Anno's zu besiegen, lag ihm völlig fern. Wir werden im folgenden noch öfters auf die Sache zurückkommen.¹) Wahrscheinlich gleich nach Ostern hatten der König und Adalbert Gesandte nach Rom geschickt, welche von Alexander die Zustimmung zu den Plänen, die man gegen Lorsch und andere Klöster im Sinne hatte, erlangen sollten. Aber ihre Reise war vergeblich, unverrichteter Sache kehrten sie zurück.²) Vielleicht hatte der Aerger darüber Adalbert noch mehr bestimmt, der Romfahrt entgegen zu wirken. Möglich, daß er sogar in Folge dessen wieder Verbindungen mit Cadalus anknüpfte, welcher sich auf's neue rührte; offen sprach es wenigstens Damiani dem Könige gegenüber aus. „Einige Deiner Rathgeber, wie das schimpfliche Gerücht verbreitet ist, freuen sich über die Verfolgung der römischen Kirche, indem sie beiden Parteien hold sind und sanft zuflüstern, so daß sie mit schmeichlerischer Kuppelei bald sich als Gönner des ehrwürdigen Papstes ausgeben, bald dem Erstgebornen des Satanas Freuden falschen Erfolges versprechen." Gleichwohl forderte Damiani in Hinblick auf die jüngst geschehene Schwertleite den König auf, die Waffen gegen die Feinde des apostolischen Stuhles zu gebrauchen, damit ihn nicht die Schmach treffe, die Kirche, für die so viele Kaiser gekämpft, zerrissen und vernichtet zu haben.³) Anders mochte unter diesen Umständen der Papst über den Römerzug denken, er erwartete ihn gewiß mit schweren Sorgen. Freilich hatte ihn Anno bereits zu beruhigen gesucht, aber als die Fahrt ganz unterblieb, athmeten beide leichter auf. „Wir loben und segnen Gott den Herrn und den heiligen Apostel Petrus, weil euch der Frieden wiedergegeben ist," schrieb damals der Erzbischof an Alexander. Der Ton des Briefes ist ein ganz andrer, als ihn der im Juli abgesandte athmete. „Meinem Herrn und Vater, dem Papste Alexander, entbiete ich, der Bischof Anno, ein Sünder, treuen Dienst mit Gebet. Wenn die Zuneigung eurer Väterlichkeit gegen uns der Beweise bedürfte, was wäre deutlicher, als die Anreden eures apostolischen Segens, mit denen wir Tag für Tag erquickt werden. Denn wir haben in kurzer Zeit bereits vier Briefe eurer Würdigkeit erhalten, wahrlich ein großer Beweis eurer apostolischen Herablassung, eine nicht geringe Freude für uns, wie es würdig war. In ihnen allen war fast derselbe Stoff enthalten: wir glauben, weil auf keinen derselben unser Schreiben eingegangen ist. Aber auch wir sind für die Sorgfalt eines so herrlichen und so frommen Vaters nicht in dem Grade undankbar gewesen, daß wir gleichsam mit steifem Nacken stehend nicht, wie es sich geziemte, den ganzen Körper vor so vielen Segenssprüchen beugen sollten. Denn es müßte uns als Trägheit oder Stolz angerechnet

---

[1]) Tri. sci Rom. p. 439 ff. Vgl. Lamb. ad a. 1063. Cod. Lauresham. I, p. 179.
[2]) Cod. Lauresh. I, p. 181.
[3]) Dam. epp. VII, 3.

werden und es wäre des härtesten Tadels werth, wenn der Sohn, so oft zur väterlichen Stimme herausgerufen, durch hartnäckiges Stillschweigen sich undankbar erwiesen hätte. Auch wir haben es in dieser Beziehung nicht an uns fehlen lassen, indem wir schon öfter euch brieflich darüber benachrichtigten, was mit uns geschieht, in jedem Briefe darum vor allem bittend, etwas bestimmtes über euch und den Zustand und das Heil der euren zu erfahren. Warum unsre Briefe nicht an euch gelangt sind, wissen wir nicht; wir glauben jedoch, daß das letzte Schreiben vor diesem bereits in euren Händen sein wird, in dem alles enthalten war, was wir damals für nöthig gehalten haben. Gott den Herrn und den heiligen Apostel Petrus loben und segnen wir, weil euch der Frieden wieder gegeben ist. Aber wir sind noch immer nicht wenig für euch besorgt, bis wir gewiß sein werden, was oder wie mit euch die Männer verhandelt haben, welche neulich von uns zu euch kamen; wenn ihre Gesandtschaft zur Ehre Gottes, der römischen Kirche und zu eurer gedient hat, werden wir Gott frohen und reichen Dank sagen. Bei uns ist nichts neues, was wir für werth hielten, euch hier mitzutheilen. Das Bild unsrer Curie hätte euch geschildert werden können, aber wir schieben es auf in Hoffnung auf Besserung. Das möge für den Augenblick eurer Väterlichkeit genügen, daß bei allen Treuen des Reiches, selbst bei den Feinden der Schmerz über den schändlichen Zustand des einst blühenden Reiches den Unwillen besiegt."[1]) Wie Anno 1061 und 1062 sich des Beistandes des Papstes versichert hatte, als er die Kaiserin Agnes zu beseitigen beabsichtigte, so auch jetzt, da er den Entschluß gefaßt, der Herrschaft seines Nebenbuhlers ein Ende zu machen. Deshalb wurde der Ton gegen den Papst, dessen Bundes- genossenschaft er nun suchte, ein bei weitem demüthigerer, als er vor

---

[1]) Der Brief jetzt bei Giesebrecht III, 1203, der ihn in's Jahr 1073 setzt. Der einzige Grund, der ihn zu bestimmen scheint, ist der demüthige Ton, in dem das Schreiben gehalten ist und die Bezeichnung peccator, die sich Anno beilegt. Beides sei nur zutreffend für die Zeit nach 1070, nachdem der Erz- bischof so schwere Kränkungen von Rom erduldet und sich mehr von dem po- litischen Leben zurückgezogen hatte. Aber Anno nennt sich schon in einer Urk. von 1061 peccator (Lac. I, 196), einen gleich demüthigen Titel hat eine Urk. von 1068: nullis quamvis meritis consequutus episcopii tamen dignitate praeditus (Lac. I, 211), ebenso hat peccator eine andere, deren Datirung durchaus nicht mit Sicherheit in die letzten Lebensjahre des Bischofs gehört (Seibertz: Urkundenbuch I, 31). Offenbar fällt der Brief in eine Zeit, in welcher lebhafter Verkehr zwischen Anno und der Curie stattfand. Das geschah 1065 und 1066, wie man aus dem oben angeführten und dem bald anzufüh- renden Briefe ersieht. Nach 1070 trat ein laueres Verhältniß ein, so daß Gregor sogar 1074 den Bischof schelten konnte, weil er so selten schrieb. Der demüthige Ton erklärt sich genugsam, wenn man bedenkt, daß Anno sich des Papstes Zustimmung zum Vorhaben gegen Adalbert zu erwerben suchte. Daß er den Zustand des Reiches schändlich fand, ist erklärlich genug; auch die Worte spes ut meliorari debeat finden nur auf diese Zeit, wo der Schreiber auf Adalbert's Sturz hinarbeitete, ihre treffende Anwendung. 1073 konnte dies Anno bei seiner damaligen Ansicht nicht sagen.

4*

wenigen Monaten gewesen war; ein reger Verkehr zwischen Rom und
Köln trat ein; als dann der Staatsstreich glückte, war es, wie wir
sehen werden, Anno's erste Sorge, auch den König zu nöthigen,
Alexander'n seine Ergebenheit zu zeigen.

Der Sturz des Bremers sollte keine zu große Mühe kosten.
Fast alle Mächtigen des Reiches waren von Neid und Haß gegen
Adalbert erfüllt, dessen hochfahrendes Wesen alle beleidigte, dessen
Habgier ungeheure Schenkungen dem jungen Fürsten zu entlocken
verstand; nicht einen aufrichtigen Freund scheint der Erzbischof besessen
zu haben. War jedoch die Kaiserswerther Verschwörung ein Ge=
heimniß weniger gewesen, jetzt scheinen die meisten Fürsten unter
einander verständigt gewesen zu sein. Anno und Siegfried werden
uns als die Häupter der Verschwörung genannt, Gottfried stand
gewiß mit ihnen im Bunde; Anfang Januar 1066 treffen wir den
Erzbischof von Salzburg, den Baiernherzog, endlich die Herzöge
Rudolf und Berthold, die bisher den Vorgängen bei Hofe ferner
gestanden hatten, vereinigt in großer Versammlung; sie waren also
offenbar Mitwisser. Unbegreiflich ist es, daß Heinrich und Adalbert
keine Kenntniß von dem heranziehenden Unwetter hatten, — des
Günstlings Hochmuth mochte ihn blind machen. Beide feierten Weih=
nachten in Goslar; unterdessen sammelten sich die Fürsten in Tribur
und forderten von dort aus den König mit Entschiedenheit auf, den
Erzbischof vom Hofe zu entfernen. Gegen den einstimmigen Willen
aller war nicht anzukämpfen; der König mußte sich entschließen, seinen
Liebling dem Hasse der Fürsten zum Opfer zu bringen und in seine
Verweisung zu willigen. Ein starkes Geleit führte Adalbert in sein
Bisthum, um ihn vor Gewaltthätigkeiten zu beschützen.[1]

Lambert versichert, nach der Vertreibung Adalbert's sei die
Leitung der Reichsgeschäfte wieder in die Hände der Bischöfe ge=
kommen, so daß die einzelnen wechselweise dafür Sorge tragen sollten,
was dem Könige, was dem Staate noththue. Nicht ganz klar ist
diese Angabe, und man darf kaum glauben, daß diese Einrichtung in
officieller Weise getroffen wurde. Adalbert war entfernt, damit der
Einfluß seiner Gegner wieder sicher gestellt, dem der König, ander=
weitiger Stützen entbehrend, sich fügen mußte. Diese Verhältnisse
allein mögen der Aeußerung des Mönches zu Grunde liegen; die
andern Quellen wissen nichts ähnliches zu erzählen, im Gegentheil,
nach ihnen scheint der König stets wenigstens äußerlich frei zu handeln.

---

[1] Ann. Weissemburg. ad a. 1066. Adam. Brem. III. c. 46. Lambert's
Bericht ist etwas verworren, wie Floto I, 312 mit Recht hervorhebt. Von der
Forderung, entweder den Bischof zu entlassen oder die Krone niederzulegen,
kann nicht wohl die Rede gewesen sein; das gehört zu Lambert's Aus=
schmückungen. Auch Adalbert's Rath, sich in Goslar festzusetzen, bis sich der
Aufruhr gelegt, nebst den zugehörigen Punkten ist so töricht, als daß er nicht
allein der Phantasie Lambert's oder anderm müßigen Geschwätz seinen Ursprung
verdanken sollte.

Heinrich war einmal für volljährig erklärt worden, ihn auf's neue zu bevormunden, ging nicht wohl an. Allerdings mußte die geschlossene Opposition der Fürsten einen bestimmenden Druck auf ihn ausüben, wie sie bereits des Bremers Verweisung bewirkt hatte. Wenn indeß früher die geistlichen Herren den größten Antheil an der Regierung sich angemaßt hatten, so änderte sich das jetzt: die Herzöge und andern weltlichen Machthaber traten aus ihrer passiven Haltung heraus und bewegten sich mehr als sonst in Heinrich's Nähe, um auch ihr Gewicht geltend zu machen. Und sicher währte die Eintracht, die sie dem früheren Günstlinge gegenüber bewiesen hatten, nicht lange; ihre getheilten Interessen ermöglichten es dem Könige, sich nach einiger Zeit wieder freier regen zu können, als er Anfang 1066 hatte hoffen dürfen.[1]

Nichtsdestoweniger war für's erste ein gewaltiger Umschwung aller Dinge plötzlich erfolgt, der junge König von seiner unabhängigen Stellung, in der er nach allen Seiten frei schaltete, schnell herabgestürzt. Nichts war natürlicher, als daß zunächst Anno, der mit den Reichsgeschäften am vertrautesten war, der zu Adalbert's Sturz das meiste beigetragen, wieder in den Vordergrund trat. Man mußte darauf denken, den neuen Zustand zu befestigen. War es vier Jahre vorher für Anno und seine Genossen von nicht geringer Wichtigkeit gewesen, sich des Papstes zu versichern, so suchte man auch jetzt in ihm eine Stütze gegen den König zu gewinnen. Der kluge Erzbischof wußte sicher, wie wenig er auf die dauernde Ergebenheit der Fürsten und Herren zählen durfte, die alle doch nur ihren eignen Vortheil verfolgten. Er vor allen strebte deshalb danach, den Papst Alexander wieder in ein Verhältniß zum Könige zu bringen, das auf den Urheber zurückwirkend ihm selbst festere Stellung verschaffen sollte.

Als im Januar die deutschen Herren — sonderbarerweise fehlt gerade Gottfried, der doch damals diesseits der Alpen weilte[2] — zu einer Berathung zusammentraten, und der König ihre Meinung einholte, was die Lage der Dinge am nöthigsten zu thun erheische, wandten sich die Blicke aller auf den Kölner, damit er seine Meinung äußere. Er erklärte daher dem Könige, vor allem müsse das freundliche Verhältniß zum päpstlichen Stuhle wieder hergestellt, für die vielfachen Kränkungen, die Alexander erfahren, gebührende Genugthuung geleistet werden. Seine Meinung fand allgemeinen Beifall, selbst der König gab wie es schien bereitwillig seine Zustimmung. Es fragte sich nun, wer die Gesandtschaft übernehmen solle; alle hielten den Erzbischof, als den Kanzler Italiens, für die geeignetste Persönlichkeit. Anno wußte indessen gar wohl, wie sehr es sein Interesse erforderte, in Deutschland zu bleiben, wolle er nicht auf's neue seinen kaum erworbenen Einfluß untergraben sehen; er mochte zudem die Gefahren der weiten Reise scheuen und wenig Lust verspüren, als

---

[1] S. Beilage IX.
[2] Tri. s. Rem. p. 444 ff.

Ueberbringer demüthiger Aufträge bei der Curie zu erscheinen, genug, er weigerte sich. Da nahmen ihn die Herzöge Rudolph und Berthold, „seine Freunde," bei Seite und redeten ihm zu, den Auftrag zu übernehmen; der König, der ihn nur deshalb zu seinem Gesandten bestimmt habe, weil er die Weigerung vorausgesehen, werde sonst mit Freuden die Gelegenheit ergreifen, die italienischen Angelegenheiten ungeordnet zu lassen und dazu die Schuld auf ihn — Anno — schieben. Die Gründe waren überzeugend; zur Versammlung zurückkehrend erklärte der Erzbischof seinen Entschluß, nach Rom zu ziehen. Da schwieg der König und alle, die mit ihm waren, und sprachen zu Anno kein Wort mehr von der ganzen Angelegenheit. Soweit der Bericht des Erzbischofes an den Papst, der in leider fragmentarischer Gestalt auf uns gekommen ist. Jedenfalls geht aus demselben hervor, daß der König, wenn er sich auch dem Ausspruche Anno's fügte, doch nicht ganz und gar ein willenloses Werkzeug in den Händen der Fürsten war und Männer um sich hatte, die seine Partei hielten.[1]

Welchen weiteren Gang die Sache nahm, ist ungewiß; nur soviel wissen wir, daß der Herzog Otto von Baiern zum Ueberbringer der königlichen Botschaft auserschen wurde. Ob an seiner Entsendung Anno betheiligt war, ist fraglich; wahrscheinlich aber brachte Otto aus Italien die Bestätigungsurkunde des Papstes für das Kloster Siegburg mit, in der mit deutlichen Worten zu lesen steht, wie hoch man damals in Rom Anno's Bundesgenossenschaft und seine Bemühungen um den päpstlichen Stuhl zu schätzen wußte. „Dir gegenüber, geliebter Bruder in Gott," heißt es, „müssen wir ganz anders verfahren, da du ein frommer Mann und wahrhaftig den Thaten, wie dem Namen nach, ein Bischof bist; da du, während du wie ein treuer und kluger Diener mit Anspannung aller deiner Tugenden der eignen Kirche dienst, mitten in deinen Mühen auf die leidende Mutter blickst, ihr deine frommen Schultern unterschiebst, damit sie nicht den Mühsalen unterliege und durch viele Hindernisse einherschreitend vom königlichen Wege abweiche. Aber das gerade fordert uns auf, ganz deinen Willen zu thun, auch wenn du vom päpstlichen Stuhle das schwerste begehrt hättest."[2] Nun erst fühlte sich der Papst in seiner Stellung völlig gesichert: „nach langem Unwetter und häufigen Stürmen leuchtet uns wieder der heitere Himmel, die Wolken sind auf Gottes Geheiß verscheucht," schrieb er damals an Gervasius, den Erzbischof von Rheims.[3] Aber wie Anno in seinen Bemühungen um Rom nur dem eigenen Interesse diente, so war man auch dort bald darauf weit entfernt, den süßen Worten gemäß zu handeln und scheute sich nicht, dem so hoch gepriesenen Diener des heiligen Stuhles herb genug

---

[1] Der Brief bei Giesebrecht III, 1192. Vgl. über die Zeit seiner Abfassung meine Abhandlung in den Forschungen a. a. O. 525, 526.
[2] Jaffé R. P. 3406. Lac. I, 206.
[3] Jaffé R. P. 3411.

die Obermacht fühlen zu lassen. Es war eben nach allen Seiten hin nur ein Bund, geschlossen in eigensüchtigen Absichten, der alsbald sich lockerte, wenn die Verhältnisse sich änderten.

Von Tribur wandte sich der König in Anno's Begleitung rheinabwärts. Zwar waren die großen Schenkungen an Adalbert widerrufen worden, Lorsch namentlich hatte jubelnd seine Freiheit wieder erhalten; aber die armen Mönche von Stablo harrten vergeblich auf die Rückgabe Malmedy's. Seine Erwerbungen herauszugeben, kam dem Erzbischofe nicht in den Sinn. Dies trieb die Mönche zu einem verzweifelten Schritte. Der heilige Remaclus selbst sollte als Fürsprecher für sein Kloster auftreten, mit seiner Leiche wollten sie nach Aachen ziehen und vor die Augen des Königs treten, um dessen harten Sinn zu erweichen. Anno, davon benachrichtigt, hatte den Abt Theodorich, der ebenfalls als Bittflehender bei Hofe war, heftig bedroht, wenn er das Vorhaben nicht verhindere. Erschreckt war dieser dem Zuge entgegengeeilt, aber alle seine Bitten, all' sein Flehen war vergeblich, die Mönche zogen mit ihrer Reliquie in Aachen ein. Zum Könige sandten sie Sprecher, um ihn zu bewegen; aber Heinrich saß da, wie verstummt und vom Donner gerührt, statt seiner antwortete Anno kurz: der König habe nichts unrechtes gethan. Mittlerweile hatte unten im Hofe der Speirer Bischof Einhard die Mönche schwer gekränkt: „Schafft euer vermodertes Gerippe weg, mit eurem unverschämten Geschrei!" hatte er sie angeherrscht. Die Aufregung war allgemein; klug entzog sich ihr der Kölner und brach nach seiner Stadt auf, dem Herzoge Gottfried es überlassend, für ihn die Sache durchzufechten. Obgleich dieser Vogt des Stabloer Klosters war, lag ihm doch an Anno's Freundschaft mehr, als an der der Mönche; er erklärte, in des Erzbischofes Abwesenheit könne die Sache nicht gegen ihn entschieden werden. Traurig mußten die Mönche mit ihrem Heiligen nach Stablo zurückwandern.[1]

Eine schwere Krankheit drohte bald darauf in Fritzlar Heinrich's Leben ein Ende zu machen; sein Leiden war so schwer, daß man bereits die Wahl eines Nachfolgers in's Auge faßte. Aber die kräftige Natur trug den Sieg davon; Pfingsten konnte er in Hersfeld feiern.

Im April war der greise Erzbischof Eberhard von Trier gestorben; nachdem er die Ostermesse celebrirt, gab er in der Sacristei, noch bekleidet mit den priesterlichen Gewändern, seinen Geist auf. Eine günstige Gelegenheit für Anno, wieder einen Verwandten mit einem hohen Kirchenamte zu versorgen, seinen Anhang ganz erheblich zu verstärken! Und wie er drei Jahre vorher alles aufgeboten hatte, seinem Bruder Wecilo das Magdeburger Bisthum zu verschaffen, so zauderte er auch jetzt nicht, das so wichtige Trier in die Hände eines Mitgliedes seiner Familie zu bringen. Sein Neffe Conrad, aus einem schwäbischen Adelsgeschlechte von Pfullingen, bis

---

[1] Tri. s. Rem. p. 414 ff.

dahin Probst in Köln, wurde von ihm zum Nachfolger Eberhard's ausersehen; der König, wahrscheinlich gerade von der Krankheit geplagt, gab unschwer seine Einwilligung. So zog denn Conrad, begleitet von Einhard, dem Speirer Bischofe, seinem künftigen Sitze zu; aber die frohen Aussichten sollten ein schreckliches Ende nehmen. Die Trierer waren empört, daß man über ihren Stuhl eigenmächtig schaltete, ohne ihre Meinung zu befragen; es kam hinzu, daß des Erwählten Persönlichkeit ihnen besonders unangenehm war. Hatte Köln auch die alte Metropole in Schatten gestellt, noch war man dort eifersüchtig genug auf den früheren Ruhm; natürlich wollte man da nichts wissen von einem Neffen des Kölner Erzbischofes, der Trier in Abhängigkeit von dem Nebenbuhler gebracht hätte. Dies trieb den Stiftsvogt, den Grafen Dietrich, einen unüberlegten Jüngling, zu einer grausen That. Als Conrad in Bittburg, einige Meilen von Trier, übernachtete, wurde er in der Frühe des 18. Mai von einer bewaffneten Schaar überfallen. Sein Begleiter Einhard wurde schmählich gemißhandelt und nachdem man ihn leer ausgeplündert, laufen gelassen; Conrad dagegen wurde gebunden auf die Burg Urzig geschleppt. Vierzehn Tage lang hielt man ihn dort gefangen, endlich übergab ihn der Burggraf seinen Dienstmannen, die den Unglücklichen am 1. Juni in der grausamsten Weise ermordeten.[1] — Capitel und Volk von Trier erwählten alsdann einhellig den Domherrn Udo, einen Bruder des Grafen Eberhard von Nellenburg, des vertrauten Freundes des Königs. Die Wahl dieser Persönlichkeit trug viel dazu bei, den Zorn Heinrich's bald zu beschwichtigen; er erkannte binnen kurzem den Neugewählten an.

Vergeblich sehen wir uns nach entscheidenden Schritten um, die Anno that, um seinen Neffen zu rächen; nichts erfolgte seinerseits. Wahrscheinlich fand er niemanden, der bereit gewesen wäre, ihm beizustehen. Die Fürsten mochten eifersüchtig eine zu gewaltige Vergrößerung seines Einflusses betrachten; die Erhebung Conrad's hatte daher, wie die Quellen bezeugen, allgemeine Mißstimmung hervorgerufen. Der König, so wenig er sonst den Mord billigen konnte, sah schließlich einen ihm ganz ergebenen Kirchenfürsten lieber auf dem erzbischöflichen Stuhle, als ein neues Werkzeug des Kölners. Auch der Papst erhob keine Schwierigkeiten gegen Udo's Wahl, die an sich ganz untadelhaft war, während Conrad's Ernennung allen canonischen Regeln Hohn sprach. Zwar bat Siegfried von Mainz in Anno's Namen um Bestrafung der Mörder, die zu christlichen Zeiten den Erwählten von Trier mit den schändlichsten und verruchtesten Martern der neronischen und decischen Verfolgung hingeschlachtet hätten;[2] der unglückliche Oheim wandte sich selbst an Alexander. Einer der Briefe

---

[1] Dies Verbrechen erregte allenthalben das größte Aufsehen, fast alle Quellen erzählen davon. Ich hebe hervor die Vita et Passio Conradi in Scr. VIII, Lamb. Berth. u. Bern. ad a. 1066. Tri. s. Rem.
[2] Codex Udalr. 129.

ist uns erhalten, er läßt uns auf's neue einen tiefen Blick in das Verhältniß thun, das der Schreiber Rom gegenüber einnahm. So bringend der Brief auch ist, so erschüttert der Verfasser: der Ton ist zuweilen mehr fordernd, als flehend, die früheren und die noch zu erwartenden Verdienste um Rom werden dem Papste vorgehalten.

„Ich fürchte, mein Vater, dir und den deinen durch meine unaufhörlichen Hilferufe und Thränen lästig zu erscheinen, aber ich muß dich fortwährend anstacheln, damit du nicht schlafest in meiner Sache, welche bei mir sich nicht nur nicht vernarbt, sondern immer mit neuer Wunde aufbricht. Ich hätte das Unrecht, das mir die Trierer angethan, bis zur öffentlichen Gerechtigkeit verfolgen können, wenn nicht das Gericht Gottes deinen Ausspruch erwartete. Und siehe, der bei ihnen Bischof genannt wird und seine übrigen Mitschuldigen kommen zu dir, beladen mit Geschenken, mit denen sie dich ködern wollen, damit du nicht das Urtheil unseres Landes und Galliens über sie abwarten mögest. Wenn er auch für den Augenblick einige wird gewinnen können, so wirst doch du, wenn ich Gnade vor dir gefunden habe, meiner eingedenk sein, auf den die Pest jenes ganzen Uebels tränkend zurückfließt. Du wirst aufrecht erhalten, o mein Herr, den ersten Ausspruch des Apostels hierüber: zu ihrem eigenen Verderben solle ihnen das Geld bleiben, durch welches sie den Nachfolger Petri von der alten Ueberlieferung loszureißen meinen. Und, damit ich schließe, wenn ich jemals mich um dich verdient gemacht habe, oder du hoffst, daß ich es in Zukunft thun werde, so bitte ich dich, lasse die Trierer Gesandten auf keine Weise mit dir über das Pallium oder die Reinigung vom Verbrechen abschließen."[1]) Aber man war in Rom taub für diese Bitten; die früheren Verdienste des Mannes hatte man vergessen, als man seiner nicht mehr bedurfte, und man dachte nicht daran, seinetwegen die Canones zu verletzen. Udo durfte ungestört die Verwaltung des Bisthumes antreten, wenn auch die Ertheilung des Palliums noch verzögert wurde.

Kaum konnte ein härterer Schlag den Bischof treffen: das vor kaum einem halben Jahre errungene Ansehen war verloren, er selbst einsamer und verlassener als je. Wie schwer mußte das die Seele des ehrgeizigen Mannes drücken, wenn er sich sogar zu dem bitteren Schritte entschließen konnte, den tödtlich gehaßten, kaum verdrängten Nebenbuhler anzugehen, den Versuch zu machen, diesen auf seine Seite zu ziehen. Der Kölner wußte, daß Adalbert keinen sehnsüchtigeren Wunsch hatte, als aus seiner elenden Lage[2]) heraus wieder an den Hof zu kommen; er mochte glauben, daß jener alle Mittel ergreifen und bereit sein werde, ihm die Hand zu gegenseitiger Unterstützung zu reichen. Zu gut kannte indeß der Bremer seinen alten Rivalen, um auf ein derartiges Anerbieten einzugehen, er mochte sich nicht

---

[1]) Das Schreiben bei Giesebrecht III, 1194.
[2]) Das Hamburger Bisthum hatte damals furchtbar unter den Verwüstungen der Billunger und der Wenden zu leiden. Vgl. Giesebrecht III, 130.

dazu herzugeben, für Anno zu wirken. Aber es freute ihn doch, seinen Besieger so gedemüthigt zu sehen, und er ließ es ihm bitter entgelten. Die Antwort, die er ertheilte, ist nach überaus zärtlicher Einleitung herb und bitter: in Betreff der Sache Conrad's scheine ihm auf beiden Seiten gleiches Unrecht zu herrschen; an den Hof zu kommen, verbiete ihm Alter und Krankheit. Aber besorgt für Anno's Seelenheil bittet er ihn, in Hinblick auf den apostolischen Brief endlich das Kloster Malmedy herauszugeben.¹)

Auch diese Angelegenheit hatte dem Erzbischofe von Köln schwere Kränkungen gebracht. Der Abt von Stablo war gegen Ende 1066 nach Rom gereist, wahrscheinlich geschickt von Udo, um des Papstes Bestätigung zu erwirken. Theodorich benutzte die günstige Gelegenheit, um für sein Kloster thätig zu sein. So wenig wie Anno's Verfahren bei der Besetzung des Trierer Stuhles konnte sein Vorgehen gegen Malmedy der Curie Billigung finden; es zeigte deutlich genug, wie wenig Anno nach dem Sinne der Hildebrand'schen Partei verfuhr, sobald sein Interesse in's Spiel kam. Der Abt brachte daher ein päpstliches Schreiben mit über die Alpen, in welchem von dem süßen Tone, den Alexander noch vor einem Jahre gegen Anno eingeschlagen, nichts mehr zu finden war. „Viele gute Thaten von dir haben wir kennen gelernt, die durch dieses dein Unterfangen wie durch einen Wolkenschleier verdunkelt scheinen. Gott hat es nicht nöthig, daß ihm etwas von der Ungerechtigkeit dargeboten werde, weil ihm so Opfer bereitet werden aus Raub, wie wenn einer den Sohn schlachtet in Gegenwart des Vaters. Und damit man dich nicht durch Geben den heiligen Petrus beleidigen sehe, so lasse los, was jenem Heiligen gehört, an dessen Stelle der Abt Theodorich unser Gericht ansteht." Aber noch war Anno nicht soweit gedemüthigt, daß er dem apostolischen Befehl gehorcht hätte; er traf vielmehr energische Anstalten, Malmedy festzuhalten.²)

Inzwischen hatte sich der König mit Bertha, der Tochter der Markgräfin Adelheid von Susa vermählt. Schon Heinrich III. hatte die Verlobung abgeschlossen, im Jahre 1065 war, wie oben bemerkt, bereits eine Annäherung der Brautleute erfolgt. Am 29. Juni 1066 geschah in Würzburg Wahl und Krönung der Bertha durch die Fürsten, am 13. Juli wurde die Hochzeit in Tribur gefeiert; die reiche Abtei St. Maximin in Trier wurde der jungen Fürstin von ihrem Gemahl als Morgengabe überwiesen. Neuere Historiker haben mit Recht darauf hingewiesen, daß die Zustandebringung der Ehe ein Werk der deutschen Fürsten war. Am meisten gewann durch sie Rudolf von Schwaben, der nun wieder der Schwager seines Königs wurde. Wir wissen, daß der Herzog nach Adalbert's Vertreibung Anno' nahe stand, nannte ihn dieser doch sogar seinen Freund. So hatte

---

¹) Anno's Brief ist verloren, dagegen Adalbert's Antwort erhalten. Vgl. Giesebrecht III, 1193.
²) Tri. s. Rem. p. 447.

sich des Erzbischofs Einfluß wahrscheinlich auch in dieser Sache geltend gemacht, aber noch vor der Hochzeit hatte ihn Cuno's Ermordung von seiner Höhe herabgestürzt. Doch darf man nicht vergessen, daß die Vollziehung der Ehe zugleich ein Act der politischen Nothwendigkeit war; die Macht Adelheid's in Italien war keine geringe, und da man noch immer daran dachte, den König bald nach Rom zu geleiten, ihr Beistand von größter Erheblichkeit. Heinrich selbst mag seinen Sinn nicht dem Drange der Verhältnisse verschlossen haben, aber sein Herz war bei der Schließung dieser Ehe nicht betheiligt; er empfand bald einen heftigen Widerwillen gegen seine Gemahlin, so trefflich dieselbe auch war. Der kaum sechzehnjährige, aber frühreife Jüngling fühlte sich vielleicht durch die ehelichen Banden im Genusse seiner Jugend zu sehr gehindert; möglicherweise war auch Bertha noch ein halbes Kind, da sie wahrscheinlich jünger als ihr Gemahl war.[1])

Gewiß wohnte Anno den Hochzeitsfeierlichkeiten nicht bei, die wenig zu seiner Stimmung paßten; auch in der Folge erschien er nicht bei Hofe, sondern hielt sich in Siegburg auf, beschäftigt mit dem Bau und der Ausschmückung des Klosters, das er bereits am 22. September einweihen konnte.[2]) Einer Betheiligung an der Romfahrt entsagte er, wie es scheint, von vornherein.

Im Frühjahr 1067 sollte endlich dieselbe nach so langer Zögerung vor sich gehen; der Papst selbst hatte darum ersucht, da zwischen ihm und den Normannen die ernstlichsten Zerwürfnisse eingetreten waren, die ihn sogar genöthigt hatten, den Bannfluch auszusprechen. Hatten doch die übermüthigen Normannen an den König selbst spöttische Briefe gerichtet.[3]) Nicht minder lag einem großen Theile der Fürsten, wenigstens der geistlichen, daran, auf Heinrich's Haupte die Kaiserkrone zu sehen; konnte doch dadurch ihr Verhältniß dem Papste gegenüber, der immer rücksichtsloser auftrat, nur sich günstiger gestalten. Wir kennen ihre Ansichten aus zwei Briefen Siegfried's an den Papst; wenn auch in bittendem Tone gehalten, zeigen sie doch, wie sehr man in Deutschland die Krönung wünschte.[4]) Augsburg war als Sammelplatz bestimmt, dorthin kam der König selbst im Anfang des Februar. Aber bald erfuhr er, daß der Fürst, dessen Unterstützung er am meisten bedurfte, ihm voraus gezogen war; Herzog Gottfried war eilig schon im Januar über die Alpen aufgebrochen. Die Macht, welche die übrigen Fürsten um sich hatten, mag nur

---

[1]) Man vgl. Ann. Alt. Rosenfeld. Lamb. Berth. Bern. ad a. 1066 u. Stumpf 2694.
[2]) Ueber die Bauten und Stiftungen Anno's gebe ich kurz hinweg, da sie hinreichend bekannt und mehrfach behandelt sind, dem Plane dieser Arbeit außerdem fern liegen. Man sehe über sie Aeg. Müller a. a. O.; den Aufsatz von Mooyer in Ztschr. für westfäl. Gesch. ꝛc. 1856. VII, 39 ff. und Ennen, Geschichte der Stadt Köln. I.
[3]) Siehe Giesebrecht III, 134 u. 1073.
[4]) Codex Udalr. 126 u. 129.

gering gewesen sein, oder, wie die Altaicher Jahrbücher meinen, waren sie nicht geneigt, allein den mühevollen Zug zu unternehmen: kurz, die Fahrt unterblieb, und Heinrich entfernte sich wieder traurig von Augsburg.¹) Es war für die spätere Zeit, bei dem Streite zwischen Heinrich und Gregor VII., von höchster Bedeutung, daß ersterer noch nicht die Kaiserkrone trug. Indem ihm Gottfried damals hindernd in den Weg trat, hat er dem Könige die schwerste Beeinträchtigung zugefügt. Welches waren aber die Beweggründe des Lothringers? Man hat gemeint, dem Herzoge habe alles daran gelegen, die deutsche Macht nicht in Italien erstarken zu lassen.²) Aber Gottfried war um seine deutschen Besitzungen besorgter, als um die jenseits der Alpen; seit mehr als drei Jahren hatte er letztere nicht mehr besucht. Und war denn seine Gewalt in Italien wirklich bedroht, wenn Heinrich dorthin zog, um die Kaiserkrone zu empfangen? Wie so konnte die Befestigung der königlichen Autorität in Italien ihm schädlich sein? Blieb er doch immer der Hauptträger derselben. Als Gottfried über die Alpen ging, hatte er kaum die Absicht, Heinrich's Zug und die Kaiserkrönung zu verhindern; wahrscheinlich wollte er nur dem lästigen Marsch mit dem Könige und dessen Begleitung entgehen; vielleicht auch erschien ihm die Normannengefahr zu dringend, als daß er die erst später erfolgende Ankunft des Königs erwarten wollte. Es war ein großer Fehler Heinrich's, daß er nicht trotz alledem dem Herzoge nachzog; aber er ließ es bei dem heftigsten Zorne über das kühne Unterfangen bewenden. Allgemein verdammte man des Herzogs Uebereilung, öffentlich bezeichnete man ihn als Verräther.

Gottfried suchte daher durch energisches Auftreten gegen die Normannen seine Schuld wieder gut zu machen. Letztere hatte gewaltiger Schrecken bei seiner Annäherung ergriffen, ihre Maßregeln bezeugten, daß sie sich auf alle Eventualitäten gefaßt machten. Aber auch der Lothringer mochte bald einsehen, wie hartnäckige und tapfere Gegner er hatte; als sich Gelegenheit bot, mit Richard ein gütliches Abkommen zu treffen, ließ er sie nicht unbenutzt vorübergehen. Auch der Papst söhnte sich bald wieder mit seinen Gegnern aus.³)

Fast das ganze Jahr 1067 brachte Anno in Zurückgezogenheit

---

¹) Vgl. meinen Aufsatz in den Forschungen VI, 523 und die dort besprochenen Quellen. Gfrörer's Darstellung dieser ganzen Sache ist unbrauchbar, da er Anno's Brief von 1065 falsch hierherzieht.

²) Giesebrecht III, 136.

³) Wenn man sich auf Bonitho und die Briefe Damiani's verlassen darf, so wäre des Herzogs Verhältniß zu Alexander damals das günstigste gewesen. Gfrörer II, 165 f. nimmt daher ein directes Einverständniß der beiden an und auch Floto I, 269 deutet ein solches freilich nur zweifelnd an. Aber ich glaube nicht daran; Bonitho wie Damiani sind ganz und gar beeinflußt durch Gottfrieds Verhältniß zu Beatrix und Mathilde. Der Herzog nahm damals kaum sonderliche Rücksicht auf Alexander; bald darauf unterstützte er sogar den gebannten Bischof Petrus von Florenz, der sich seiner Kirche mit Gewalt wieder zu bemächtigen suchte. Berthold. ad a. 1067.

zu, mit der Stiftung und Erbauung von Kirchen und Klöstern beschäftigt. Im Sommer verweilte er in Saalfeld, das, obgleich in der Mainzer Diöcese liegend, die ehemalige Polenkönigin Richeza der Kölnischen Kirche geschenkt hatte; wahrscheinlich wurde damals das dortige Kloster gegründet. Nur einmal, etwa im August, kam er an den königlichen Hof nach Aachen und benutzte diese Anwesenheit, um der Kaiserswerther Kirche ein königliches Gnadengeschenk von fünf Weinbergen zuzuwenden. Im Herbste war Anno wieder in Köln, weihte die Kirche von St. Gereon und stattete die von ihm gegründete und erbaute Stiftskirche St. Georg mit reichen Gütern aus.

Weihnachten erschien der König selbst in Köln und wohnte der Consecration Benno's zum Bischofe von Osnabrück bei, die der Erzbischof vollzog. Benno, der treffliche Baumeister und treu ausharrende Freund Heinrich's, hatte auch Anno' in früheren Jahren mannigfache Dienste geleistet, ihm wahrscheinlich bei den Kirchenbauten beigestanden und sogar eine Zeit lang das Bisthum verwaltet. Wahrscheinlich geschah dies, als der Erzbischof in den Jahren 1062 bis 1064 unausgesetzt den König auf seinen Reisen durch das Reich begleitete.[1]

Der König war wohl nach Köln gekommen, um Anno aufzufordern, in seinem Namen nach Italien zu gehen. Da die Kaiserfahrt auf unbestimmte Zeit hin verschoben war, so that es bringend noth, daß ein Bevollmächtigter dort erschien, um die Interessen des Reiches auf's neue zur Geltung zu bringen und zu wahren. Wir wissen, wie sehr sich Anno zwei Jahre vorher gesträubt hatte, nach Rom zu ziehen; jetzt fügte er sich bereitwillig dem Wunsche des Königs. Absichtlich mochte Heinrich, mit den andern Fürsten wegen der vereitelten Romfahrt gespannt, den Kölner wieder an sich heranziehen, so wenig er sonst seinen Entführer liebte; vielleicht wirkten die großen Verdienste ein, die sich damals des Erzbischofs Neffe, Burchard von Halberstadt, durch seinen glänzenden Zug gegen die Liutizen erworben.[2] Und wer war für den Auftrag geeigneter, als Anno, der Erzkanzler Italiens, der die Lage der Dinge dort genau kannte? Dieser hinwiederum ergriff mit Freuden die Gelegenheit, welche ihm neuen Einfluß auf den Gang der Ereignisse verhieß. Sein Begleiter war Herzog Otto. Beide durchzogen Oberitalien, die schuldigen Gelder einziehend, Recht sprechend und Landtage haltend. Es war dabei unvermeidlich, daß sie mit Cadalus, dem Bischofe von Parma, dem ehemaligen Gegenpapste und dem gleichfalls gebannten Heinrich von Ravenna zusammenkamen, deren Bisthümer ein so bedeutendes Gebiet einnahmen. Gewiß hatte ihre Zusammenkunft keinen andern Zweck, als die Angelegenheiten des Reiches wahrzunehmen; gleichwohl deutete man sie in Rom sehr übel. Alexander verweigerte ihnen die Audienz, ehe sie nicht Buße geleistet hatten. Anno, der bei seiner schwan-

---

[1] Vita Bennonis auct. Norberto. Scr. XII, 65.
[2] S. Giesebrecht III, 139.

tenden Stellung in Deutschland nicht im Stande war, dem Papste
Trotz zu bieten, mußte sich fügen; barfuß im Büßergewande erschien
er öffentlich an der Seite der Markgräfin Beatrix, dann erst wurde
er vor das Angesicht des Papstes gelassen und wohnte der Oster=
synode bei. Aber das Maaß der Kränkungen, die seiner harrten, war
noch nicht erschöpft; auf der Synode wurde Ubo von Trier von dem
Vorwurfe der Simonie freigesprochen, mit dem Pallium geschmückt
und von dem Papste und den übrigen Römern „in großer Verehrung
gehalten". Auch die unselige Malmedyer Sache verfolgte ihn bisher;
der unermüdliche Abt Theodorich war vor ihm nach Rom gereist und
hatte dort den Papst von neuem für sich gewonnen. So mußte sich
Anno fügen und Abhilfe versprechen, wenn er in die Heimath zu=
rückgekehrt sei, eine Zusage, die zu halten er nicht im mindesten ge=
sinnt war.¹)

Während Otto noch zurückblieb, eilte Anno aus Italien, dessen
Luft ihm schwül und drückend genug sein mochte, an den königlichen
Hof nach Deutschland. In Soest traf er am 29. Mai mit dem
Könige zusammen und legte vielleicht ihm und den versammelten
Fürsten, deren wir eine größere Anzahl genannt finden, Bericht ab.
Zur Entschädigung für die erlittenen Drangsale verlieh Heinrich dem
Kloster Siegburg „in Anerkennung der ganz ergebenen Liebe und
Dienstwilligkeit des Erzbischofs" ein Gut in Eschmar. Der Besitz
Malmedy's blieb ihm unbestritten. Dann wandte sich der König nach
Sachsen, um Vorbereitungen zum Zuge gegen die Wenden zu treffen,
während Anno in Köln zurückblieb.

Die größte Mühe wandte seit langer Zeit der Mainzer Erz=
bischof an, um die widerspenstigen Thüringer zur Bezahlung des
Zehnten zu vermögen; schon mannigfache Versuche hatte er angestellt,
selbst den Papst um Hilfe angerufen. Doch war alles vergeblich
gewesen; jetzt wandte er sich an den König. Und dieser bedurfte den
Beistand des Mainzer Bischofs auf's bringendste. Eine so treffliche
Frau Bertha war, so war sie doch nicht im Stande gewesen, den
Widerwillen, den Heinrich von vornherein gegen sie gehegt, zu besiegen;
die Abneigung hatte sich im Gegentheil mehr und mehr gesteigert, so
daß der König endlich mit dem Wunsche hervortrat, von ihr geschieden
zu werden. Um Siegfried zu gewinnen, hatte er ihm versprochen,
die Thüringer zur Zehntenzahlung zu veranlassen. Gern war dieser
auf den Handel eingegangen; die nächste Folge war ein Vergleich, den
Heinrich zwischen ihm und dem Fuldaer Abte in Mühlhausen ver=
mittelte, welchem auch Anno als Zeuge beiwohnte. Der Mainzer
schrieb indeß nach Rom und bat den Papst um Absendung eines
Legaten für eine in dieser Sache zu berufende Synode.

Ehe indeß diese zusammentrat, hatte der König noch einen gefähr=
lichen Aufstand zu bewältigen. Der alte Markgraf der sächsischen

---

¹) Tri. s. Rem. p. 448. Ann. Alt. ad a. 1068.

Oftmark, Dedi, von seiner herrschsüchtigen Gemahlin Adele, der Wittwe des Markgrafen Otto von Thüringen, aufgereizt, hatte sich empört, um in den Besitz der Thüringischen Lehen zu gelangen. Dedi mochte die Unterstützung anderer Fürsten erwartet haben; aber diese blieb aus, und so gelang es dem Könige, den Aufstand glücklich niederzuwerfen.

Inzwischen war der Tag der Synode herbeigerückt und zugleich der bekannte Cardinal Peter Damiani als päpstlicher Legat eingetroffen, mit der offen ausgesprochenen Absicht, die Scheidung zu verhindern. Nur mit Mühe ließ sich der König bewegen, weiter nach Frankfurt zu ziehen, wohin er die zu Mainz versammelten Fürsten rief. Auch Anno war erschienen; offenbar suchte ihn der König zu gewinnen, indem er ihm, „seinem überaus getreuen und lieben Anno" reiche Vergünstigungen zu Theil werden ließ. Er schenkte ihm einen umfassenden Wildbann und bestätigte Siegburg in allen seinen Rechten und Besitzungen. Dem energischen Auftreten Damiani's und dem Drängen der Fürsten konnte Heinrich nicht widerstehen, er fügte sich dem Unvermeidlichen, Bertha als Gattin zu behalten. Allmälig gelang es ihm, seinen Widerwillen zu besiegen; er hatte es nicht zu bereuen, denn Bertha wurde ihm die liebevollste und aufopferndste Gefährtin, die in aller Noth und Gefahr mit unverbrüchlicher Treue zu ihrem Gemahl hielt.[1])

Den vielfachen Kränkungen, die Anno' schon von Rom zu Theil geworden, sollte jetzt noch eine neue hinzugefügt werden. Man war dort wenig zufrieden mit den deutschen Bischöfen, die sich nur willfährig zeigten, wenn es ihr Vortheil erheischte, sonst aber sich um den Papst und seine Gebote wenig kümmerten. Aber Dank der früheren Thätigkeit des Kölner Erzbischofs waren Alexander und Hildebrand nun in der Lage, ihr Uebergewicht den Bischöfen empfinden zu lassen, und sie zauderten nicht länger, es zu thun. Vielleicht schon Damiani hatte die Kirchenfürsten von Köln, Mainz und Bamberg vor den apostolischen Richterstuhl citirt; Ende December trat Anno seine Reise an, nachdem er noch vorher mit dem Könige in Freising Weihnachten gefeiert hatte.

Alle drei Bischöfe waren vorgefordert worden, um sich von der gegen sie erhobenen Anschuldigung zu reinigen, daß sie geistliche Würden verkauft und für Geld die Würden ertheilt hätten. Hermann von Bamberg war der schuldigste: er hatte sich sein Bisthum durch die Bestechung der Umgebung Heinrich's zu verschaffen gewußt. Aber da er sich nicht scheute, einen Meineid zu leisten, auch Geld im reichsten Maaße spendete, gelang es ihm, der Strafe zu entgehen. Siegfried, bei dem, wie es scheint, manchmal die Erinnerungen an sein früheres Klosterleben zurückkehrten, wurde nur durch eifriges Zureden des Papstes, der in ihm ein brauchbares Werkzeug erkannt haben mochte, von seinem Entschlusse zurückgehalten, der bischöflichen

---

[1]) Ueber den Scheidungsversuch und Dedi's Aufstand s. Giesebrecht III, 140—144 und die weitere Ausführung 1074, der ich völlig beipflichte.

Würde und der Welt für immer zu entsagen. Alle drei aber wurden vom Papste ihres Verhaltens wegen aufs heftigste zu Rede gestellt und mußten sich endlich verpflichten, derartige Sünden nicht mehr zu begehen. Daß Anno schuldig war, ist ohne Zweifel; gerade daß Lambert, sonst der eifrigste Vertheidiger seiner Tugenden, uns von der Sache berichtet, ist ein klarer Beweis dafür. Er, der so lange an der Spitze der Reichsgeschäfte stand, hatte gewiß öfters Antheil an dem Verkaufe geistlicher Stellen gehabt, der, wie sich nicht leugnen läßt, in den ersten Regierungsjahren Heinrich's nicht selten vorkam, wenn auch nicht so häufig, wie vielfach behauptet worden ist. Verdiente nicht schon des Erzbischofes Verfahren bei der Besetzung der Stühle von Trier und Magdeburg die ernsteste Rüge? Und so wenig Rom auf die ersten Kirchenfürsten Deutschlands Rücksicht genommen hatte, so wenig scheute es sich, dem Könige selbst harten Tadel wegen simonistischer Vergehen zu ertheilen. Der Papst übergab darauf bezügliche Briefe den rückkehrenden Fürsten.[1]

Das Kloster Fructuaria, unweit von Turin, wetteiferte in der Strenge seiner Regel und in der Frömmigkeit seiner Mönche mit Clugny, dem Centralpunkte der neuen Kirchenreform; allenthalben bei Clerus und Laien stand es in hoher Verehrung. Auch Agnes, ganz ihrem Seelenheile sich widmend, seitdem man ihr das Kind entrissen, stand im engen Verhältniß zu dem Kloster, das sie mehrfach aufsuchte. Gemeinsam mit ihr hatte Anno in Rom beim Papste sich für Fructuaria verwandt, auf dem Heimwege besuchte er selbst dessen fromme Insassen. Ihre Art gefiel ihm so, daß er einige mit sich führte, um Siegburg nach Fructuaria's Muster einzurichten; die Chorherren, die bis dahin das Kloster bewohnt, sandte er nach Köln zurück. Von Fructuaria zog er nach Susa, um auch die Mutter der Königin, die Markgräfin Adelheid, zu begrüßen. Auf das ehrenvollste empfangen, vergalt er dennoch die erwiesene Gastfreundschaft in übeler Weise. Wir wissen, wie überaus begierig die damalige Zeit nach Reliquien trachtete, eine wie grenzenlose Verehrung ihnen gewidmet wurde. Sah man doch den Schwur zu Gott zuweilen nur dann für unverbrüchlich an, wenn er auf eine Reliquie abgelegt war. Die Klöster und Bischoffsitze waren in ihrer heiligen Gier unersättlich; die größten Beschwerden, die weitesten Reisen wurden unbedenklich übernommen, wenn es galt, ein derartiges Heiligthum zu erwerben, und wenn alles nichts half, so galten selbst Raub und Gewalt nicht für frevelhaft, wenn sie nur zum ersehnten Ziele führten. Schon viele heilige Körper beherbergte Köln, schon mannigfache Reliquien hatte Anno selbst zusammengebracht, aber so manches Kloster, so manche Kirche war noch zu versorgen. Adelheid befand sich im Besitz von Reliquien der Thebäischen Legion, aber es stand kaum zu erwarten, daß sie sich freiwillig dieses kostbaren Schatzes entäußern würde. Der Erzbischof bestach

---

[1] Ekkehardi Chron. Scr. VI, p. 200, der diese Nachricht irrthümlich zu 1073 stellt, wo Anno mit seinen Begleitern gar nicht in Rom war.

daher den Kirchenwächter; heimlich in der Nacht, nur von wenigen begleitet, schlich er sich in die Kirche und entführte die Körper des seligen Innocenz und des heiligen Veit. Dann brach er auf's schnellste auf, um nicht zurückgehalten zu werden; glücklich gelangte er in die Heimath und legte am 12. Mai feierlich die Reliquien in Siegburg nieder. Auch einen Arm des heiligen Caesarius brachte er aus Rom mit, für den eine besondere Capelle an der St. Georgskirche errichtet wurde[1]); der Heilige bewies bald seine Kraft, indem er ein gewaltiges Feuer löschte. Als Anno dann im Juni mit dem Könige in St. Goar zusammenkam, vergaß er nicht, für Fructuaria Fürbitte einzulegen; die Wünsche der Kaiserin, die mit ihm als Intervenient aufgeführt wird, mochte er selbst aus Italien überbringen.[2])

Während Anno fern von Köln weilte, war sein alter Freund und Bundesgenosse, Herzog Gottfried, am 24. December 1069 gestorben, nachdem er in übertriebener, aber dem Charakter der Zeit angemessener Weise Buße gethan und den Klöstern und Kirchen die reichsten Gaben gespendet hatte.[3]) Nach seinem voreiligen Zuge vom Jahre 1067 hatte Gottfried wohl kaum mehr in die politischen Verhältnisse eingegriffen; aber dennoch verlor Anno in ihm eine kräftige Stütze, wie er bald genug in der Malmedyer Sache fühlen sollte. Gottfried's gleichnamiger Sohn, des Königs ergebenster Freund, stand Anno' sicherlich nicht so nahe, wie der Vater.

Eine schwere Sorge lastete damals auf dem Könige; Otto von Nordheim, der tapfere Baiernherzog, war beschuldigt worden, einen Mordplan gegen das Leben seines Herrn angestiftet zu haben. Egino, ein übel berüchtigter Ritter, hatte öffentlich erklärt, er sei vom Baiernherzoge zum Morde des Königs angestiftet worden; als Beweis seiner Aussage legte er den Dolch vor, welchen er von Otto zu diesem Zwecke erhalten haben wollte. Ueber Otto's Schuld eine feste Ansicht zu gewinnen, machen die schwankenden Berichte der Quellen überaus schwierig; daß der Mordplan eine Erfindung Egino's war, scheint sicher, aber nicht minder unzweifelhaft, daß Otto wirklich Pläne gegen den König hegte. Allgemein herrschte Mißtrauen gegen ihn: man nahm mit Bestimmtheit an, daß er dem Aufruhre Dedi's nicht fern

---

[1]) Vita Annonis p. 480, 481.
[2]) Miracus III, 15 hat eine am 25. Juni 1070 zu Aachen ausgestellte Urkunde, in welcher der König auf Bitten vieler Fürsten, darunter auch Anno, dem Bisthume Lüttich die Schlösser Mont und Belmont u. s. w. schenkt. Die Urkunde ist falsch. Das Datum hat sie einer echten am obigen Tage und Orte für Lüttich vom Könige gegebenen Urkunde entnommen (St. 2736), die keine Intervenienten aufführt, während der Text fast wörtlich mit dem Diplom übereinstimmt, welches der König am 11. Mai 1071 in Lüttich ausstellte (St. 2743). Daß die 1070er Urk. die falsche ist, ergiebt sich daraus, weil sie bereits Welf als Herzog von Baiern aufführt, der erst Weihnachten 1070 das Herzogthum erhielt. Merkwürdigerweise aber giebt sie zwei Präposituren weniger an, als die echte: praepositicam sancti Salvii, praepositicam Condatensem.
[3]) S. die Stellen bei Giesebrecht III, 1076.

stand, wenn er auch schließlich nicht thätigen Antheil an demselben genommen hatte; in Baiern, seinem Herzogthume selbst, sprach man es offen aus, daß er absichtlich Zwietracht im Lande hervorgerufen, um im Trüben fischen zu können. Auch in Italien sollte er schon 1068 mit Gottfried staatsgefährliche Pläne gepflogen haben. Alles dies mochte zu den Ohren Heinrichs gedrungen sein, Leute in seiner Umgebung, eifersüchtig auf den Nordheimer, reizten ihn noch mehr; kein Wunder daher, wenn er gegen Otto rücksichtslos vorging. Durch ein Fürstengericht der Sachsen wurde dieser, der noch offenen Trotz hinzufügte, für einen Hochverräther erklärt und seines Herzogthumes beraubt. Der König selbst beeilte sich, persönlich an der Vollziehung des Spruches theilzunehmen, und brach einige Burgen Otto's. Aber dieser fügte sich nicht ohne Widerstand; mit einer großen Schaar tapferer Männer brach er in Thüringen ein. Sein Herzogthum verlieh der König Weihnachten an Welf, den bisherigen Schwiegersohn des Nordheimers, der indessen dem Vater die Tochter schleunigst zurückgesandt hatte. Für Welf hatte sich hauptsächlich der Herzog Rudolf von Schwaben verwandt, der also dem Könige nunmehr nahe stand. Bald nach Weihnachten gelang es indeß dem Grafen Eberhard von Nellenburg, den Aufständischen zur Unterwerfung zu bewegen, welcher sich Ostern 1071 in Köln zu stellen versprach. Otto erschien auch daselbst, bat aber um Aufschub bis Pfingsten, der ihm gewährt wurde.[1]

Wie der Erzbischof von Köln sich in dieser Sache verhalten hat, wissen wir nicht. Freilich hatte er an Otto's Person ein gewisses Interesse, war dieser doch Genosse der Kaiserswerther That gewesen und hatte ihn dann nach Mantua und später nach Rom begleitet. Aber wahrscheinlich stand er auf Rudolf's Seite, der Otto's Sturz mit Freuden gesehen hatte und dem, wie wir wissen, der Erzbischof seit 1066 näher getreten war.

Rudolf und Welf waren wahrscheinlich ebenfalls in Köln erschienen, mit Anno und Herzog Gottfried zusammen begleiteten sie den König nach Lüttich, wohin ihn dringende Reichsgeschäfte riefen. Richilde, die Wittwe Balduin's von Flandern, hatte für sich und ihren Sohn die Hilfe des Königs gegen Robert den Friesen angerufen. Sie fand Erhörung: der König beauftragte mit dem Kampfe Herzog Gottfried und den Lütticher Bischof. Auch Anno war bei der Sache interessirt, da Robert frisische Ländereien, auf die Köln alte Ansprüche erhob, sich mit dem Rechte der Waffen unterworfen hatte. Jedenfalls wird er ebenfalls seine Mannen zum Kriege gestellt haben.

Die Stabloer Mönche hatten indessen nicht vergessen, wie schwer Anno ihre Rechte gekränkt hatte; jetzt, da dessen mächtiger Freund Herzog Gottfried todt war, wagten sie es, den Versuch von 1066 zu erneuen; abermals mußte sich der heilige Remaclus auf Reisen begeben.

---

[1] Ausführlich Giesebrecht III, 151—156 u. 1077, 1078.

1071.

Der König mit den übrigen Fürsten und Herren — überaus zahlreich und glänzend war die Versammlung[1]) — saß in dem Hofe des Bischofspalastes bei Tisch, als die Mönche in feierlichem Zuge, begleitet von einer ungeheuren Volksmasse, hereinkamen. Vergeblich wurden sie aufgefordert, sich bis zum folgenden Tage zu gedulden, wo öffentliches Gericht gehalten werden sollte, bis endlich der König durch die Hartnäckigkeit der Mönche gereizt und von Anno aufgestachelt unwillig aufsprang und mit den übrigen Gästen die Tafel verließ. Indessen wirkte der Heilige im Hofe seine Wunder; mehr und mehr Volkes sammelte sich; die Diener, welche Anno schickte, um den Reliquienschrein wegzuschaffen, wagten es nicht, ihren Auftrag auszuführen. Bis zum frühen Morgen blieben die Mönche im Hofe, dann erst entschlossen sie sich, den heiligen Remaclus in eine Kirche zu bringen, da ihre Zubringlichkeit offenbar nutzlos war. Dort geschahen Wunder auf Wunder, das Gerücht davon drang in die bischöfliche Pfalz zu König und Fürsten. Freilich schenkten Heinrich wie Anno den Wundern wenig Glauben, erst Lietbert von Cambray beseitigte ihre Zweifel. Da endlich fühlte sich der König gedrungen, den allgemeinen Wünschen nachzugeben: er forderte von Anno den Abtsstab zurück. Ungern genug gab ihn Anno; aber sein Sträuben war vergeblich, die allgemeine Aufregung ließ sich nicht anders beschwichtigen. Eiligst begab sich der König in die Kirche und legte dort scheu und ehrfurchtsvoll den Stab auf den heiligen Sarg zum Zeichen der Zurückgabe. Ein feierliches Tedeum schloß den Triumph des heiligen Remaclus; die erfreuten Mönche säumten nicht, eine Schrift ausgehen zu lassen, die ihren Schutzpatron verherrlichte, aber über den Kölner, wenn auch nicht mit Unrecht, das ungünstigste Licht verbreitete. Der Lütticher Vorfall erregte ungeheures Aufsehen in Deutschland; selbst local weit entfernte Quellen wissen von ihm zu berichten.[2])

Inzwischen hatte Anno's Neffe beim Könige sich in der Gunst behauptet, welche er durch den glücklichen Zug gegen die Liutizen erworben hatte, und als er nun am 13. Juni 1071 seinen neuerbauten Dom — den früheren hatte ein Brand in Asche gelegt — einweihte, verherrlichte Heinrich den Tag durch seine Gegenwart.[3]) Die endliche Ergebung Otto's, die nunmehr erfolgte, mochte Heinrich noch froher stimmen; der Herzog nebst seinem Freunde Magnus, dem Sohne des Sachsenherzoges, wurde zuverlässigen Männern in leichte Haft übergeben; seine Allodialgüter wurden ihm zurückerstattet.[4])

---

[1]) S. die Urk. v. 11. Mai 1071. Stumpf 2743.
[2]) Das ganze zweite Buch des Tri. s. Rem. Vgl. dazu Lamb. ad a. 1071. Ann. Alt. etc. und den Brief des Bischofes Dietwin von Lüttich an Immnab von Paderborn bei Martene Coll. ampl. I, 488. Gfrörer's Kritik dürfte wenig überzeugend sein; geradezu komisch ist, wie er den ihm anstößigen Bericht Lambert's umzudeuten sucht.
[3]) Annalista Saxo ad a. 1071.
[4]) Lamb. u. Ann. Alt. ad a. 1071. Adam. Brem. III. c. 59.

In Halberstadt war auch Adalbert von Bremen anwesend; er namentlich hatte sich für den Nordheimer verwandt. Es kam ihm, wie es scheint, vor allem darauf an, im Reiche die Ruhe zu erhalten, um seinen erneuten Einfluß geltend machen zu können. Endlich nach langen, überaus trüben Jahren, war Adalbert' wieder die so heiß ersehnte Sonne des Hofes aufgegangen; der König, nun sich unbestrittener Selbständigkeit erfreuend, hatte den Freund und Beschützer seiner Jugend zu sich gerufen. Freilich war dieser mittlerweile ein anderer geworden: das furchtbare Elend, welches die letzten Jahre auf ihn gehäuft, hatte ihn gebrochen. Statt daher wie früher nach allen Seiten hin anzustoßen und schonungslos zu Wege zu gehen, strebte er danach, seine Stellung durch Versöhnlichkeit haltbarer zu machen, um seiner so tief gesunkenen Kirche wieder aufhelfen zu können. Besonders bemühte er sich, mit seinem alten Gegner, dem Kölner Erzbischofe, in gutes Einvernehmen zu treten und, wie es scheint, versöhnten sich die ehemaligen Nebenbuhler. Beide konnten sich nicht mehr rühmen, den König so wie früher zu beherrschen, der selbständig dastehend höchstens durch einige seiner jüngeren Gefährten sich beeinflussen ließ; beide suchten sich daher, so scheint es, gegenseitig zu stützen.[1]

In Halberstadt war Anno nicht anwesend; wie schwer mußten ihn die Lütticher Vorgänge verletzt haben, da er von dem Ehrentage seines geliebten Neffen sich fern hielt. Auch an der großen Synode, die am 15. August in Mainz zusammentrat, um über den Constanzer Bischof abzuurtheilen, betheiligte er sich nicht, obgleich der Papst seine Mitwirkung ausdrücklich verlangt hatte.[2] Wahrscheinlich brachte er den Sommer in Saalfeld zu, dem von ihm gestifteten Kloster, aus welchem er ebenfalls die Mönche der alten Regel entfernt und durch Siegburger und solche aus dem St. Pantaleonskloster in Köln ersetzt hatte. Die strenge Richtung dieser Mönche, die ihre Wurzel in den französischen und italienischen Cluniacenser-Klöstern hatten, erregte großes Aufsehen. Ihre Ascetik erfüllte die Laien mit Bewunderung, nicht für Menschen, nein für Engel hielt man sie. Bald wollten alle

---

[1] Nach Adam III. c. 58 wäre Adalbert schon Anfang 1069 an den Hof zurückgekehrt, aber das ist sicher unrichtig. In Bremen können wir den Erzbischof bis in den Juli 1069 nachweisen (s. die Urkunde bei Lappenberg, Hamburger Urkundenbuch I, 101), seine Anwesenheit bei Heinrich finden wir erst im Juli 1071 bezeugt. Vorher wird er in den Urkunden nie genannt, so zahlreich auch Intervenienten auftreten; den Lütticher Vorgängen wohnte er nicht bei, auch später nicht der Mainzer Synode. Es müssen daher Adam's und Lambert's Erzählungen über die Machtfülle, die er zum zweitenmale erlangt haben soll, auf ein bescheidenes Maaß zurückgeführt werden. Bei den Worten Adam's III. c. 59: Accessit hoc ad gloriam praesulis, quod *in anno consulatus sui* famosum illud colloquinum caesaris cum rege Danorum .... habitum est, scheint keine Zahl ausgefallen zu sein, sondern es ist, wie die gleich nachher folgende Erwähnung der Unterwerfung Otto's zeigt, als „in dem einen Jahre seines Consulates" zu fassen. Dies wäre mit obiger Ansicht in völligem Einklange.

[2] Codex Udalrici 122.

geistlichen und weltlichen Herren in ihren Klöstern solche Fratres haben; die früheren Bewohner wurden schonungslos vertrieben, soweit sie nicht geneigt waren, sich der neuen Zucht zu unterwerfen. Und gar viele gab es, die es vorzogen, mitten im Leben um ihr Seelenheil zu ringen, als über das Maaß ihrer Kräfte dem Himmel Gewalt anzuthun. Dem Hersfelder Abte lag daran, das Leben dieser neuen Himmelsstürmer kennen zu lernen; er schickte daher den Annalisten Lambert nach Siegburg und Saalfeld, um genauen Bericht zu erhalten. Lambert vermochte zwar den Mönchen seine Bewunderung nicht zu versagen, aber verblieb doch der Meinung, die alte Regel sei völlig ausreichend, wenn man sie nur gewissenhaft beobachte. Damals sah Lambert gewiß den Verkehr des Erzbischofs mit seinen Mönchen, der ihn mit größter Bewunderung vor der Heiligkeit des Mannes erfüllte. „Wie seinen Herren erwies er den Mönchen Ehre und Ehrfurcht, nicht allein dem Abte, auch den Decanen gehorchte er so ergeben auf's Wort, daß er auf ihren Befehl, mochte er mit Privatangelegenheiten noch so sehr beschäftigt sein, sich davon los machte, sich erhob und jeden Auftrag wie ein niedriger Sklav' erfüllte. Täglich, wenn er zugegen sein konnte, trug er ihnen selbst die sorgfältig zubereiteten Speisen auf, er mischte ihnen den Trank und war den Speisenden eifriger zu dienen beflissen, als ein Knecht. Wenn er unter ihnen verweilte, bewahrte er das Stillschweigen und die übrigen Mönchsgelübde so sorgsam, als wenn er täglich, gleich den andern, im Capitel über sich müßte zu Gericht sitzen lassen."[1] — Ein Bild, angemessen der Zeit und ihrem Charakter. Aeußere Heiligkeit galt alles, nur zu oft fehlte die innere wahrhafte Frömmigkeit. Der Mönch ist ganz geblendet von dem Glanze der Annonischen Tugenden; aber die, welche Anno im weltlichen Leben kennen lernten, hatten von ihm keine so hohe Meinung; außerhalb der Klostermauern, wenn seine Schultern, dort gebückt unter der Last des Mönchsgelübdes, sich im Bewußtsein seiner irdischen Stellung stolz aufrichteten, war er ein ganz anderer.[2] Deshalb haßten ihn auch die Kölner, die unter seiner Härte zu leiden hatten, aufs bitterste; selbst vor Mordversuchen scheuten sie nicht zurück.

Hatte Heinrich im Mai dem Erzbischofe Malmedy wieder entzogen, so erwies er doch im Herbste und Winter der Kölnischen Diöcese und dem Kloster Siegburg neue Gnaden. Weihnachten feierte der König mit Anno in Worms, dann kehrte er nach Goslar zurück. Dort fiel nach langer schwerer Krankheit am 16. März 1072 Adalbert, der Erzbischof von Hamburg-Bremen, dem Tode anheim. Ein vergebliches Leben hatte er geführt: keines der hohen Ziele, die er sich für seine Kirche gesteckt hatte, und denen er mit

---

[1] Lamb. ad a. 1071 u. 1075. (p. 188 u. 238.)
[2] Ipse publicis obsequiis vallatus incedens aspectu ipso tremendus et gloriosus seculi dignitatibus fuit, qui tamen inter pauperes Christi degens, mitis et humilis semper exstitit. Vita Ann. p. 474.

so leidenschaftlicher Ueberstürzung nachgegangen war, hatte er erreicht; Hamburg hatte, statt wie er gehofft, den übrigen Metropolitansitzen gleichgestellt zu werden, unter seiner Leitung die schwersten Schläge und auf lange hin unheilbaren Schaden erlitten. Adalbert selbst sah ein, wie eitel seine Bemühungen gewesen waren; aber die Schuld daran trug er nicht zum geringsten Theile. Für Heinrich war der Tod Adalberts ein schmerzlicher Verlust, er verlor in ihm seinen treusten Diener und ergebensten Freund.

Den Palmsonntag feierte der König in Köln. „Dort drang das Volk gewaltig in ihn wegen der Ungerechtigkeiten, unter denen im ganzen Lande die Unschuldigen zu leiden hatten: endlich durch das Bittere der Sachlage und das Ungestüm der Bittenden bewogen, da auch alle Fürsten darauf drangen, bat er den Kölner Erzbischof, die Leitung der Staatsgeschäfte nach ihm zu übernehmen. Lange widerstand jener den Bitten, theils der früher erlittenen Schmach eingedenk, theils weil der Mann, ganz und gar Gott zugeneigt, lieber sich himmlischen, als irdischen Dingen widmen wollte. Endlich durch die Einstimmigkeit der Bittenden bewogen, ordnete er seinen Vortheil dem öffentlichen Wohle unter. Dann fing das Reich an, seinen früheren würdigen Zustand wieder zu erlangen und der bis zu dieser Zeit frei waltenden Willkür wurden Zügel angelegt. Denn da der König die Kenntniß aller Dinge von sich an den Erzbischof, wie an seinen Vater und Beschützer seines Heiles zu weisen pflegte, konnte dieser weder durch Gunst noch durch Haß gegen irgend jemanden vom Rechte zum Unrechte verleitet werden, sondern richtete alles, wie geschrieben steht, ohne Ansehen der Person. Die Reichen, die mit Gewalt die Armen unterdrückten, züchtigte er auf's strengste: ihre Burgen, die Zufluchtsörter für die Bösewichter, ließ er von Grund aus zerstören; die meisten von ihnen, selbst durch Geburt und Macht Hochangesehene, warf er in Ketten. Kurz, er leitete die Geschäfte mit solcher Sorgfalt und Autorität, daß man zweifeln muß, ob er würdiger sei, Bischof oder König genannt zu werden; selbst im Könige erweckte er binnen kurzem die Tüchtigkeit und die Sitten des Vaters."

So lautet der wortreiche, wohlklingende Bericht des Hersfelder Mönches, an dem die Ruhmredigkeit in Anno's Interesse den größten Antheil hat. Lambert schmückt Verhältnisse aus, die ohne seinen Aufputz ein ganz anderes Ansehen haben würden. Leider ist er auch hier die einzige Quelle, die uns über die erneute und umfassendere Thätigkeit des Bischofs auf dem politischen Gebiete Auskunft giebt.[1]

Anno war eine längere Zeit hindurch den Staatsgeschäften fern gewesen. So wenig ihn der König lieben konnte, wußte er doch die Bedeutung des Mannes zu schätzen, wußte, wie viel er ihm nützen, wie viel mehr er ihm schaden konnte. Daher hatte er wiederholt mit dem Erzbischofe an-

---

[1] Lamb. ad a. 1072. Man sehe die trefflichen Bemerkungen Floto's I, 302 hierüber.

geknüpft und ihn immer wieder an sich gezogen. In der letzten Zeit hatte zwar Adalbert dem Könige näher gestanden, ohne deshalb Anno zu verdrängen und Heinrich in alter Weise zu beherrschen. Sicher — das geht aus allem hervor — war der König jetzt zu voller Selbständigkeit, zu gänzlicher Unabhängigkeit von den Fürsten gelangt; daß ihm durch diese, wie Lambert berichtet, Anno als Regierungsgenosse aufgedrungen worden sei, ist gewiß unrichtig. Aber der König fühlte, wie mißlich immerhin sein Verhältniß den Fürsten gegenüber war, er kannte ihr Streben nach Freiheit, d. h. nach größerer Unabhängigkeit von dem Regenten. Zu welchen Schritten dies die Fürsten führen konnte, hatte er genügend erfahren. Und Anno war ja oft genug der Führer und das Haupt derselben gewesen; wußte er diesen für sich zu gewinnen, so hatte er den gefährlichsten aller Gegner auf seiner Seite. Kein Zweifel daher, daß es diese Beweggründe waren, die Heinrich veranlaßten, den Kölner auf's neue an sich zu fesseln. Es kam hinzu, daß Anno wahrscheinlich im engeren Einvernehmen mit Herzog Rudolf stand; aber gerade mit diesem hatte sich der König entzweit, nachdem eine Zeitlang zwischen beiden ein freundschaftliches Verhältniß gewaltet hatte. So mußte schon in dieser Beziehung Heinrich' daran liegen, die beiden Fürsten zu trennen. Kurz, Heinrich zog Anno an sich heran; mehr dürfen wir aus den Worten des Mönchs nicht entnehmen.

Nachdem der Bischof bis Mitte April in des Königs Nähe geweilt hatte, wandte sich dieser wieder nach Sachsen zurück; in Magdeburg am 27. Mai erfolgte die Aussöhnung mit Otto von Nordheim, der endlich seine Freiheit wieder erlangte.[1]) Sein Ankläger Egino war um dieselbe Zeit wegen Räubereien ergriffen und bestraft worden, kurz vorher hatte Leopold von Mörsburg, der nach der Ansicht des Volkes die größte Schuld an Otto's Unglück trug, sich bei einem Sturze vom Pferde selbst das Schwert des Mars in den Leib gestoßen, welches früher Otto's Eigenthum ihm dann vom Könige geschenkt worden war. Fast wie ein Gottesgericht betrachtete man diese und ähnliche Vorfälle; der König beeilte sich nun, Otto frei zu lassen. Freilich, Baiern war mittlerweile in andere Hände übergegangen und konnte nicht zurückerstattet werden, auch Magnus blieb in Haft. Anno war in Magdeburg nicht anwesend; es ist demnach fraglich, wie weit er auf Otto's Befreiung hingewirkt hatte.

Inzwischen war die Kaiserin Agnes, nachdem sie gegen sechs Jahre in Italien zugebracht hatte, wieder über die Alpen gekommen, begleitet von einer ungeheuren Schaar von Mönchen und Aebten. Ungern hatte sie sich ihren religiösen Uebungen entzogen, aber sie kam auf Bitten Rudolf's, der ihre Vermittlung dem Könige gegenüber angerufen hatte. Anno und der Mainzer Erzbischof, die in Worms zugegen waren, hatten sich Rudolf' für seine persönliche Sicherheit verbürgt; der Kaiserin gelang es schnell, den Sohn und den ehema-

---

[1]) Lamb. ad a. 1072.

ligen Schwiegersohn und Günstling zu versöhnen. Freilich berichtet der Hersfelder Annalist, Rudolf habe sehr wohl gewußt, daß die Versöhnung von Seiten des Königs keine aufrichtige war; aber weniger ehrlich war sie sicher von Rudolf gemeint, der jetzt mit seinem früheren Nebenbuhler um das Herzogthum Schwaben, dem Kärnthner Berthold, im Einverständnisse war; bald genug wurden sie dem Könige auf's neue verdächtig.[1]

Auch Angelegenheiten Italiens kamen in Worms zur Sprache: zwei der bedeutendsten Bisthümer, Ravenna und Parma, waren soeben durch den Tod ihrer Hirten Heinrichs und des uns wohlbekannten Cabalus erledigt worden. Wibert, der ehemalige Kanzler, hatte sich um Parma beworben, aber auf Fürsprache der Kaiserin, die den klugen Mann noch von früher her schätzen mochte, wurde ihm der Erzstuhl Ravenna zu Theil, während Anno das andere Bisthum einem seiner Cleriker, Eberhard, zu verschaffen wußte.[2]

Weihnachten feierte der König in Bamberg von Anno begleitet, bald darauf verließ der Erzbischof den Hof wieder für längere Zeit. Lambert weiß zu erzählen, daß die Schandthaten des Königs es waren, die den Erzbischof von dem Unverbesserlichen wegtrieben. Mit Freuden habe Heinrich ihn, den letzten Zügel und Zaum seiner Lüste, ziehen lassen! Unklar, wie so oft. Wenn der König ihn so gern scheiden sah, warum schickte er ihn nicht selbst fort, und wenn er hinwieder nicht die Macht dazu hatte, wie hatte er dann die, das Reich mit seinen Freveln zu erfüllen? Hatte doch, nach Lambert, Anno in ihm soeben erst die glänzenden Tugenden des Vaters wachgerufen.

Es ist wahrscheinlich, daß Anno sich freiwillig vom Hofe zurückzog. Seine Bemühungen, zwischen Heinrich und Rudolf dauernden Frieden zu stiften, waren fehlgeschlagen; kaum versöhnt brach in beiden der alte Groll wieder hervor. Mit Mühe und Noth nur hielt man sie vom offnen Kampfe zurück; Rudolf's nunmehriger Freund Berthold büßte sogar auf einige Zeit sein Herzogthum ein.[3] Wir wissen nicht, was die abermaligen Zwistigkeiten hervorrief, aber wir können es leicht errathen. Heinrich, nunmehr völlig herangewachsen, von feurigem heftigem Charakter, wollte die Herrschaft in der unbestrittenen Weise ausüben, wie es sein Vater gethan; die Herzöge hatten sich in den langen Jahren der Unselbständigkeit des Regenten gewöhnt, in ihren Gebieten unumschränkt zu schalten. Die Vorgänge mit Otto von Nordheim hatten beide Parteien mißtrauisch gemacht: den König, weil er ähnliches auch von den übrigen Fürsten besorgen konnte, die Fürsten, weil Otto's Schicksal ihnen gleiches in Aussicht stellte. Noch war Magnus in Haft; der König wolle ihn dadurch zwingen, so hieß

---

[1] Lamb. ad a. 1072.
[2] Bonitho p. 655. Adam. Brem. III. c. 34.
[3] Lamb. ad a. 1073. Indessen ist es fraglich, ob Berthold wirklich damals abgesetzt wurde.

es, seinem Herzogthume zu entsagen. Ein bedenkliches Vorspiel für die übrigen!

Und dazwischen gährte es in Sachsen und Thüringen.

Die gefährliche Lage des Königs überschaute Anno jedenfalls klarer, als dieser selbst, der sich völlig sicher fühlte. Dabei sah er von Tag zu Tag mehr, daß ein dauernder Einfluß auszuüben bei des Herrschers nunmehriger selbständiger Haltung nicht möglich war. Er zog sich demnach rechtzeitig zurück, um bei dem ausbrechenden Kampfe nicht auf einer Seite gebunden zu sein. In dem ganzen Zeitraume der letzten Jahre hatte gerade seine Haltung zwischen den Parteien ihn wesentlich gefördert. Kam es jetzt zum Streite — und das war unvermeidlich — so war sein Verhalten für jede Seite von hoher Bedeutung, er selbst die einflußreichste Mittelperson.

Er begab sich nach Köln zurück; mit sich führte er den Leichnam des heiligen Märtyrers Benignus. Der Abt Reinger von Ellwangen, ein Verwandter des Erzbischofes, hatte ihn in einer verfallenen Kirche aufgefunden. Der Abt schuldete Heinrich' eine große Summe, für deren Erlegung er bereit war, seinen Fund an Anno zu überlassen. Unter den größten Feierlichkeiten wurde am 17. Februar 1073 der kostbare Schatz in Siegburg beigesetzt.[1])

Trotz Anno's Entfernung gelang es dem Könige gleichwohl, Rudolf und Berthold noch einmal mit sich auszusöhnen. Am Palmsonntage kamen die Herren in Eichstädt zusammen, Berthold erhielt sein Herzogthum zurück und scheint sogar beim Könige wieder zu größerer Gunst gelangt zu sein.[2])

Pfingsten versammelte der König die Fürsten um sich in Augsburg, um mit ihnen Rath zu pflegen.[3]) Vielfach hatte sich Böhmen beklagt über die Belästigungen, die es von dem übermüthigen Polen zu erdulden hatte; der erneute Aufschwung, den jenes Reich genommen, machte es zu einem überaus gefährlichen Nachbar, um so mehr, da es auch in Ungarn ununterbrochen gegen den durch die Deutschen eingesetzten König wühlte. Man beschloß einen Kriegszug, zu dem das ganze Reich aufgeboten wurde. Die Baiern, Schwaben und Lothringer sollten sich in Mainz sammeln, die Franken in Hersfeld; dann sollte das gesammte Heer durch Sachsen über die Elbe ziehen, um im August den Kampf zu beginnen. Heinrich selbst eilte nach Sachsen voraus, um dort die nöthigen Vorbereitungen zu treffen. Er hatte nicht die mindeste Ahnung von den schlimmen Anschlägen, welche die sächsischen Fürsten im Schilde führten; bald und gewaltsam genug sollte er aus dem Traume seiner Sicherheit aufgeweckt werden.

Schon lange herrschte in Sachsen offene Unzufriedenheit, mannigfache Beschwerden über den jungen König wurden laut. Wie sein Vater, so weilte auch Heinrich IV. mit Vorliebe in Goslar; ganz in

---

[1]) Vita Annonis p. 482, 483.
[2]) Ann. Alt. Lambert hat unrichtig Augsburg.
[3]) Ann. Alt. Lamb. ad a. 1073.

der Nähe hatte er sich die Harzburg gebaut und diese mit einem prächtigen Münster geschmückt. Aber den sächsischen Fürsten und hohen Geistlichen war das unangenehm, sie mochten ungern fortwährend über sich die königliche Gewalt fühlen, die Kosten der Hofhaltung fielen ihnen überdies zur Last. Magnus, der Liebling des ganzen Volkes, blieb nach wie vor in Haft; man hielt das für einen Anschlag gegen das Herzogshaus. Dazu erregten die Burgbauten Heinrich's die allgemeinste Aufmerksamkeit: für Zwingburgen hielt man sie, bestimmt, des Volkes Freiheit zu brechen.[1] Die lächerlichsten Gerüchte liefen umher; bald erzählte man sich, Heinrich wolle alle Sachsen zu Sklaven machen, bald, er wolle das sächsische Volk ganz und gar ausrotten und an dessen Stelle die von ihm begünstigten Schwaben setzen. So entstand allgemeine Aufregung im Lande; statt sie zu beschwichtigen, bemühten sich Fürsten und Bischöfe im Gegentheil, sie zu nähren und zu schüren.

Schon hatte sich eine Verschwörung gebildet: der unruhige Bischof Burchard von Halberstadt, der Erzbischof Wecilo von Magdeburg, Anno's Neffe und Bruder, und Bischof Hecilo von Hildesheim waren die Häupter derselben. Auch den Nordheimer hatten sie zu gewinnen gesucht, obgleich er anfangs nicht geneigt gewesen zu sein scheint, auf's neue gegen den König sein Glück zu versuchen.[2] Bald breitete sich die Verschwörung weiter aus, fast alle sächsischen Bischöfe, desgleichen die meisten weltliche Fürsten traten ihr bei.[3] Was ihr eigentlicher Endzweck gewesen, ist nicht recht klar, Magnus Befreiung allein gewiß nicht. Fast alle Fürstenempörungen des zehnten und elften Jahrhunderts machen uns den Eindruck der Zwecklosigkeit; sie entspringen mehr dem Ueberschäumen unbändiger Kraft, als politischer Berechnung. Kaum ist es glaublich, daß man schon damals an eine Absetzung Heinrichs dachte; nur der Wunsch, seine Macht zu schwächen und zu brechen, beseelte die Fürsten. Vor allem galt es, auch das sächsische Volk zu gewinnen, und nur zu leicht gelang es. Der Feldzug des Königs gegen Polen gab einen bequemen Anhalt; nicht gegen Polen, sondern gegen Sachsen sei dieser bestimmt, die sächsische Freiheit ganz darnieder zu drücken, seine Aufgabe. Und das schon gereizte Volk glaubte diesen hinterlistigen Vorspiegelungen; wie wenig sie gegründet waren, konnte es schon daraus entnehmen, daß die Sachsen selbst zum polnischen Zuge aufgeboten waren.

Der König hatte auf den 29. Juni die sächsischen Fürsten nach Goslar berufen, wohl um mit ihnen über die Rüstungen Rücksprache zu nehmen. Sie erschienen sämmtlich mit überaus zahlreichem Gefolge, während der König wohl nur wenige Begleiter um sich hatte. Die Gelegenheit schien günstig, den ersten Druck auf Heinrich auszuüben. Sie baten zunächst um Befreiung von dem Polenzuge, da

---

[1] Ueber die Burgenbauten siehe die Bemerkungen Floto's I, 376 ff.
[2] Siehe den Brief bei Sudendorf: Registrum III, 42. Aus den Briefen S. 39 u. 43 hat S. Dinge herausgelesen, die nicht darin stehen.
[3] Lambert zählt sie sämmtlich auf p. 196.

sie durch den Kampf mit den räuberischen Wenden fortwährend in Anspruch genommen würden; aber diesen Bitten schlossen sich bald andere Forderungen, selbst ernste Drohungen an; ihr Benehmen zeigte dem Könige hinlänglich, auf welchem Vulcane er stehe. Der großen Menge gegenüber wehrlos ergriff ihn die Furcht, zum dritten Male der Willkür seiner Fürsten preisgegeben zu sein; schnelle Flucht schien die einzige Rettung. Schleunigst eilte er auf die nahe Harzburg, wo er sich sicher wußte, ehe die Fürsten sein Vorhaben hindern konnten.[1]

Daraus konnten die Verschwörer ersehen, wie wenig der König daran dachte, auf ihre Forderungen einzugehen; wenn man auch das Volk vom sofortigen Aufbruche abhielt, zögerte man doch nicht, offene Empörung zu beginnen. Noch an demselben Tage trat man zu einer Berathung zusammen, dann berief man eine große Tagfahrt des gesammten Volkes nach Wormsleben. Dort traten die Fürsten der Reihe nach auf, um ihre gegründeten und ungegründeten Beschwerden anzubringen; auch zwei niedersächsische Edelleute, die der König angeblich an ihrer Freiheit und ihrem Besitze beschädigt hatte, waren zu öffentlicher Klageführung vermocht worden. Das alles erhitzte die Köpfe der Versammlung; einmüthig faßte man den Entschluß, Heinrich's Uebermuth nicht mehr zu ertragen.[2] Energische Anstalten zum Kampfe wurden getroffen, um alle Burgen des Königs Belagerungsmannschaften gelegt, die Stadt Lüneburg, wo eine Besatzung unter dem Grafen Eberhard von Nellenburg lag, umzingelt und bestürmt.

Heinrich weilte unterdessen auf der Harzburg, bald erschien auch dort eine sächsische Heeresabtheilung. Beim Könige befanden sich der Herzog von Kärnthen, die Bischöfe von Naumburg und Osnabrück, deren Diöcesen von den Aufständischen besetzt worden waren; diese schickte er hinab zu den Sachsen, damit sie versuchen sollten, ein friedliches Abkommen zu treffen. Aber sie bekamen nur die alten Beschwerden zu hören, so daß sie unverrichteter Sache zurückkehren

---

[1] Daß Lambert die Versammlung in Goslar falsch in den Anfang August legt, bemerkt Giesebrecht 1090, doch sehe ich nicht ein, weshalb darum sein gesammter Bericht verworfen werden soll. In der Hauptsache, der eiligen Flucht des Königs, stimmt Lambert mit Bruno de bello Saxonico c. 23 (Scr. V) überein, ebenso darin, daß nachher nur mit Mühe die sofortige Empörung vermieden werden konnte. Im übrigen ist Lambert' mehr Glauben zu schenken, als der pathetischen und schon an sich unwahrscheinlichen Erzählung Bruno's. Daß die Fürsten bis zum Abende gewartet hätten, ehe sie von der Flucht etwas erfahren, ist unglaublich; ebenso, daß diese unternommen wurde, ehe die Sachsen, von deren Untreue der König bis dahin noch nicht unterrichtet war, ihm davon deutliches Zeugniß gegeben. Da Heinrich die Fürsten beschieden hatte, konnte ihm ihr zahlreiches Erscheinen allein, selbst wenn sie begleitet kamen, nicht auffallen. Man vgl. die allerdings flüchtige Darstellung des Carmen de bello Saxonico p. 21. Die Altaicher Annalen, die ebenfalls den 29. Juni haben, sagen nur kurz und unbestimmt: [Saxoues] vix intromissi sine certo responso redierunt ad propria. Die Reden des Lambert und Bruno sind nicht für authentisch zu halten; sie folgen hierin der Weise der antiken Historiker.

[2] Bruno c. 23—26.

mußten.¹) Bald fühlte sich Heinrich auch auf dieser Feste, inmitten des aufständischen Landes nicht mehr sicher; er mußte außerdem zu den übrigen Fürsten und dem sich bereits sammelnden Heere zu gelangen streben. Um dies zu verhindern, hatten die Belagerer alle zur Burg führenden Wege besetzt und hielten sie in genauer Verwahrung, aber dennoch glückte es dem Könige, auf heimlichen Waldpfaden zu entkommen, und von Berthold, Eppo und Benno begleitet, eilte er mit einem Theile seiner Schätze unter mannigfachen Beschwerden nach Hersfeld. Am 13. August langte er daselbst an und war alsbald bedacht, alle Schritte zu thun, die der so großen Gefahr die Spitze abbrechen konnten.

Die Lüneburger Besatzung, an Zahl sehr gering, hatte den Angriffen des Grafen Hermann nicht widerstehen können und capituliren müssen. Dies benutzten die Sachsen, um den König zu Magnus' Freilassung zu vermögen; sie drohten, falls diese nicht geschehe, die Gefangenen niederzumetzeln. Ungern genug entschloß sich Heinrich, ihrer Forderung nachzugeben; bot ihm doch Magnus' Person eine willkommene Geisel. Aber er konnte seine Mannen nicht im Stiche lassen und dadurch die wenigen, die ihm augenblicklich noch anhingen, von sich abwendig machen; alsbald am 15. August verfügte er daher Magnus' Entlassung, die ganz Sachsen in einen Freudenrausch versetzte. Schien es doch nun, daß man alle Wünsche würde durchsetzen können.²)

Alles kam für Heinrich darauf an, wie sich die übrigen Fürsten des Reiches dem Aufstande gegenüber verhalten würden. Die Bischöfe von Bamberg und Würzburg waren auf die Kunde von den Ereignissen alsbald zu ihm geeilt, der Herzog Rudolf und die Herren von Schwaben, von Baiern und vom Rheine, die bei Mainz mit ihren Truppen das Lager aufgeschlagen hatten, sandten Boten, um des Königs Absichten zu erforschen. Heinrich entbot sie nach Spießcappel; dort flehte er sie dringend um Hilfe an. Einige waren bereit, mit dem vorhandenen Heere sogleich in Sachsen einzubrechen, die meisten aber meinten, gegen ein so wildes und tapferes Volk, wie die Sachsen seien, genügten die bisherigen Rüstungen nicht; jeder solle daher erst zurückkehren, um neue Vorbereitungen zu treffen. Ihre Meinung siegte, und der König mußte sich bis Anfang October gedulden, wo das Heer sich in Breitenbach versammeln sollte. — Gewiß waren Rudolf und die andern Herzöge nicht Mitwisser und Theilnehmer an der Verschwörung, die ihnen vielleicht eben so unerwartet kam, wie dem Könige; aber nicht minder gewiß ist, daß sie nun die will-

---

¹) Lamb. a. a. O. Bruno c. 27 nennt den Münsterschen Bischof Friedrich und den Kaplan Siegfried als Gesandte. Aber ersteren führt Lambert schon vorher unter den Verschwornen auf, denen er auch späterhin offenbar angehörte da er in des Königs Umgebung nie genannt wird.
²) Lamb. p. 201. Bruno c. 21. Das folgende beruht ganz auf Lambert, hier die einzige ausführliche Quelle.

kommene Gelegenheit benutzen, um Heinrich's Demüthigung zu verlängern. Von Spießcappel wandte sich der König an den Rhein, um die Gemüther für sich zu gewinnen. Aber ehe er sich in den gefährlichen Bürgerkrieg einließ, wollte er nochmals den Weg der Unterhandlungen versuchen; wiederum war es Anno von Köln, den er nothgedrungen aufsuchte, der dadurch auf's neue in die Mitte der Ereignisse trat. Keine Persönlichkeit war für seine Zwecke geeigneter, als der Kölner Kirchenfürst. Mit einigen Häuptern der Verschwörung, mit Burchard und Wecilo, war er auf's nächste verwandt, mit andern, den Bischöfen von Münster, Meißen und Minden eng befreundet; mit Otto von Nordheim hatte er früher im intimsten Einverständnisse gelebt, um auch mit einem großen Theile der Thüringischen Herren mochte er durch seine Saalfeld'schen Besitzungen näher bekannt sein. Denn auch Thüringen, wo die meisten der neuerbauten Burgen lagen, hatte sich mittlerweile dem Aufstande angeschlossen; die Bevölkerung war schon lange auf Heinrich erbittert, da er dem Mainzer vielfach und noch ganz vor kurzem in der Zehntensache hatte Unterstützung zukommen lassen. Freilich hielt man damals ziemlich allgemein Anno für ein Mitglied der Verschwörung — seine vielfachen Beziehungen zu den Rebellen wiesen darauf hin —; dem Könige selbst konnte dieser Verdacht nicht verborgen sein.[1])

Sicher erscheint, daß Anno um die Pläne der Verschwornen wußte, daß er selbst es gern sah, wenn Heinrich's Macht, die sich in den letzten Jahren zu sehr gehoben, wieder gemindert wurde; aber deshalb mit den Verschwornen gemeinsame Sache zu machen, mußte ihm fern liegen. Schon die Lage seines Bisthums verbot das. Der so mächtige Herzog Gottfried von Lothringen, sein unmittelbarer Nachbar, auf dessen Haltung es ihm vor allem ankommen mußte, hielt treu zum Könige, nicht minder Udo von Trier, wie fast alle rheinischen Herren. So übel des Königs Lage augenblicklich war, noch zählte er manche treue Anhänger, noch war bei der unentschiedenen Haltung, welche die süddeutschen Fürsten einnahmen, nicht zu berechnen, wer den endlichen Sieg davon tragen würde. Siegten die Sachsen, so war für Anno kein unmittelbarer Gewinn vorauszusehen, da dort Männer genug waren, um den Sieg auszubeuten; ja die große Gefahr lag vor, daß einem völligen Triumphe der Sachsen eine Zersplitterung des Reiches gefolgt wäre. Das war so wenig

---

[1]) Quidam quoque sanctitatis summae virum Annonem archiepiscopum Coloniensem conjurationis ejus conscium fuisse asserunt, sagt Ekkehard. Chron. ad a. 1072. Lambert sagt es zwar nicht ausdrücklich, doch hält er offenbar den Erzbischof für einen Theilnehmer an der Verschwörung. p. 200 drückt er sich sehr diplomatisch aus: quamquam nonnulli existimarent, tam eum [Sigifridum archiep.], quam archiepiscopum Coloniensem et alios plerosque Reui principes iam a principio conjurationis huius conscios participesque exstitisse. Id tamen, dum incertus adhuc rerum eventus pendebat, summa ope dissimulabant.

nach Anno's Sinn, als dem der meisten übrigen. Der richtigste Weg lag offenbar für ihn in der Mitte; auf Beschwichtigung des Aufstandes hinzuwirken, aber den König dadurch nicht allzu mächtig werden zu lassen und seine Verwandten und Freunde möglichst straflos aus der Empörung herauszuziehen. So spielte er gewissermaßen ein doppeltes Spiel: er hielt zu Heinrich, ohne es mit den Sachsen zu verderben. Mehr mag der König auch nicht von ihm erwartet haben; konnte er doch bei der bedrängten Lage, in der er sich befand, hieraus für den Augenblick den allergrößten Nutzen ziehen. Gerade ein derartiger Unterhändler konnte ihm vortheilhafter sein, als ein anderer, der den Sachsen weniger willkommen gewesen wäre.

Zugleich mit Anno forderte der König auch Siegfried auf, seine Sache bei den Sachsen und Thüringern zu vertreten. Schon vor Ausbruch der Verschwörung hatte dieser den Versuch gemacht, mit dem Kölner Amtsgenossen ein engeres Verhältniß anzuknüpfen und hatte dazu Burchard's und Wecilo's Vermittlung angerufen. „Seien sie beide einig, so stehe die Herrschaft über das Reich in ihren Händen."[1]) Wir wissen nicht, wie weit Anno bereit war, in die dargebotene Hand einzuschlagen; er kannte den Wankelmuth und die Unzuverlässigkeit Siegfried's zu genau, als daß er Neigung hätte verspüren sollen, sich mit ihm zu verbünden. Ueberdies war Siegfried durch seine Zehntenforderungen Sachsen und Thüringern verhaßt; vielleicht hatte der Brief mehr den Zweck, mit Wecilo und Burchard, deren Gunst ihm für seine Ansprüche wichtiger war, anzuknüpfen, als mit Anno selbst.

Der König hatte wohl erst von Spießcappel aus Siegfried's und Anno's Beistand angerufen, als er sich von der bewaffneten Macht der übrigen Fürsten im Stiche gelassen sah; Siegfried mag dort gegenwärtig gewesen sein, während Anno wahrscheinlich fehlte und noch in Köln weilte. Er konnte demnach am 24. August, für den die Sachsen nach Corvey geladen waren, noch nicht dort anwesend sein.[2]) Doch ließ er durch Boten erklären, er gäbe allem, was beschlossen werden würde, seine volle Zustimmung, er sei bereit, für das gemeinsame Wohl keine Mühe zu scheuen. So blieb denn Siegfried' allein die Unterhandlung überlassen; kaum konnte dieselbe günstig für Heinrich ausfallen, da der Erzbischof gefangen genommen sich schon vorher hatte verpflichten müssen, nichts den Aufständischen ungünstiges zu unternehmen. Er gab daher ihrem Drängen nach und beide Theile kamen überein, daß am 20. October in Gerstungen eine Fürstenversammlung über die Beschwerdepunkte der Sachsen entscheiden solle. Beide Theile, der König sowohl wie die Aufständischen, sollten Geiseln stellen, die am 13. September gegenseitig in Homburg ausgeliefert werden sollten. Dieses Abkommen war für den König höchst nachtheilig: das Zusammenkommen des Heeres, für welches der Anfang

---

[1]) Ein Fragment des Briefes bei Bruno c. 18.
[2]) Die Zusammenkunft in Spießcappel fand am 18. oder 19. August statt.

October bestimmt worden war, wurde dadurch vereitelt, er für noch längere Zeit wehrlos gemacht. Und das Verlangen, er solle seinen rebellischen Unterthanen Geiseln stellen, war geradezu beschimpfend, ihm nachzukommen daher unmöglich. Die Sachsen mochten dies selbst einsehen; als am bestimmten Tage Siegfried und diesmal auch Anno in Homburg eintrafen, verzichteten sie auf die Geiseln; dafür bürgten die beiden Erzbischöfe mit ihrem Wort, daß sie ohne Gefahr in Gerstungen erscheinen könnten.

Während dieser Verhandlungen hatte der Krieg in Sachsen seinen Fortgang, die Rebellen belagerten nach wie vor die königlichen Burgen. Der Dänenkönig versuchte zwar einen Zug zu Gunsten Heinrich's, der noch bei Adalbert's Lebzeiten mit Svend Estrithson zusammengekommen war und sich dessen Hilfe für den Fall, daß er sie einmal herbeirufen sollte, versichert hatte; aber der Zug blieb ohne Erfolg, da die Dänen, wie uns versichert wird, einen so gefährlichen Nachbar, wie die Sachsen nicht zu reizen wünschten.[1] Die Liutizen, durch innere Streitigkeiten in Anspruch genommen, regten sich nicht und verhielten sich auch den ganzen Winter hindurch ruhig.[2]

Endlich nahte der 20. October, der Tag der Gerstunger Versammlung. Die Sachsen erschienen, begleitet von 14000 Mann — den Rest der Mannschaft hatten sie vor den belagerten Burgen zurückgelassen —, der König hatte die Erzbischöfe von Mainz und Köln, die Bischöfe von Metz und Bamberg und die Herzöge Rudolf, Gottfried und Berthold geschickt. Er selbst erwartete in Würzburg den Erfolg der Verhandlungen; der Erzbischof von Hamburg, die Bischöfe von Naumburg, Osnabrück und Augsburg, der Herzog Welf und Graf Eberhard von Nellenburg waren bei ihm zurückgeblieben.[3] Man sieht daraus, wie sehr alle Fürsten am Ausgange der Sache interessirt waren, daß Heinrich zugleich manche Freunde und Vertraute in seiner Nähe hatte.

Was damals in Gerstungen verhandelt und beschlossen worden, ist dunkel und unklar; dem ausführlichen Berichte, welchen wir darüber haben, ist leider in mehr als einer Beziehung nicht zu trauen.

---

[1] Adam. III. c. 59 vgl. III. c. 17. Lambert spricht von dieser Zusammenkunft fälschlich erst unter 1073, während auch Bruno c. 20 ausdrücklich sagt, daß Adalbert ihr beiwohnte.

[2] Daß Heinrich die Landverwüster und alten Feinde des deutschen Reiches habe herbeirufen wollen, ist kaum glaublich. Die Erzählung Lambert's, die Liutizen hätten, wie der bekannte Esel zwischen den beiden Heubündeln, sich selbst zu Grunde gerichtet, weil sie uneinig waren, ob sie mit den Sachsen oder mit Heinrich sich verbünden sollten, ist höchst unwahrscheinlich. Bruno weiß gar nichts davon, er preist es c. 32 als besondere Gunst des Himmels, daß die Wenden die günstige Zeit, als alle Ströme mit Eis bedeckt waren, nicht benützten. Erst nachdem der Frieden zu Gerstungen geschlossen, zählt er c. 36 unter allerhand miraculosen Bündnissen Heinrich's das mit den Liutizen auf. Der Kern von Lambert's Erzählung ist demnach, daß die Wenden durch innere Zwistigkeiten in Anspruch genommen waren.

[3] Stumpf 2768 u. 2769.

Lambert erzählt, die Schilderungen, welche die Sachsen von den Frevelthaten des Königs entwarfen, habe dessen Abgesandte so ergriffen, daß sie statt zu tadeln, sogar selbst Vorwürfe gemacht hätten, weil die Sachsen das ungeheure so lange ertragen. Darauf habe man drei Tage ununterbrochen berathen, was man bei diesem Stande der Dinge thun solle; endlich sei man überein gekommen, einen andern König zu wählen. Doch sollte dies vorläufig nicht offenkundig werden, bis sich der König während des Friedens in andre Theile seines Reiches begeben und man sich mit den übrigen Fürsten verständigt hätte. Vorderhand wollte man als Uebereinkunft öffentlich erklären, die Sachsen würden Weihnachten in Köln dem Könige Genugthuung leisten, dieser sein Unrecht abstellen und ihnen Verzeihung gewähren. Sicher hätte man schon damals Rudolf zum Könige erwählt, wenn er nicht hartnäckig Widerstand geleistet und geschworen hätte, niemals werde er dem seine Zustimmung geben, wenn es nicht alle Fürsten des Reiches in offener Versammlung beschlossen hätten, so daß seine Ehre keinen Abbruch erlitte.

Wie große Unwahrscheinlichkeiten und Widersprüche sind in diesem Berichte! Einen wichtigen Punkt hebe ich von vornherein heraus. Lambert erscheint hier in die tiefsten Geheimnisse eingeweiht, er erzählt Dinge, von denen man, wenn sie sonst wahr sind, annehmen muß, daß sie nur den dort anwesenden bekannt geworden. Woher aber soll der Mönch diese Kunde empfangen haben? Kein andrer Chronist weiß etwas davon: auch dem Könige, der diese Dinge mindestens ebenso gut erfahren mußte, wie Lambert, ist, soweit wir sehen, keine Kunde zu Theil geworden. Das siegestrunkene Volk, das Heinrich's Kräfte unterschätzte, mochte sich schwer in den Gedanken finden, daß dem Könige verhältnißmäßig so günstige Bedingungen zugestanden waren, und daher eine Falle vermuthen. Das müßige Geschwätz kam dem Annalisten zu Ohren und wurde von ihm gläubig nachgesprochen. — Ein Mann wenigstens befand sich unter den Abgesandten, der die ganze Zeit seines Lebens in unerschütterlicher Treue zum Könige hielt, Herzog Gottfried von Lothringen, der einem derartigen Beschlusse sicher nicht zustimmte; daß zugleich hinter seinem Rücken gehandelt, auch er betrogen wurde, ist nicht denkbar. Unsinnig ist ferner, daß erst dort die übrigen Fürsten von des Königs Schandthaten unterrichtet und dadurch von Mitleid ergriffen wurden; laut genug hatten vorher die Sachsen ihre Verläumdungen ausgesprengt. Dann wagt man noch nicht, den Beschluß offenbar werden zu lassen, sondern will warten, bis der König sich in andre Gegenden begeben hätte, und doch sagt Lambert mit demselben Athemzuge, nur die hartnäckige Weigerung Rudolf's hätte seine sofortige Wahl verhindert. Man will warten, bis man sich mit den Fürsten verabredet hätte; aber das war nicht nöthig: alle, auf deren Stimmen es aufkommen konnte, waren zur Hand, theils in Gerstungen, theils in Würzburg; die Verständigung konnte sofort herbeigeführt werden. Und wenn schon damals die Herren so bestimmt Heinrich's Absetzung in's Auge faßten,

wie kommt es, daß sie im folgenden Jahre ihm doch wieder bei=
stehen?¹) Es scheint gewiß, daß damals beschlossen wurde, die Sachsen
sollten sich Weihnachten in Köln dem Könige unterwerfen, wogegen
dieser ihren Beschwerden Abhilfe leisten und die Empörung verzeihen
sollte. Damit mochte allerdings einem Theile der Aufständischen
wenig gedient sein; um den Kölner Tag zu hintertreiben, griff man
zu einer plumpen List. Ein gewisser Regenger, bis dahin bei Hofe
von untadelhaftem Rufe, erklärte plötzlich den Herzögen Rudolf und
Berthold, der König habe ihn zu ihrer Ermordung zwingen wollen.
Die Grundlosigkeit der Beschuldigung ist offenbar, aber ebenso offen=
bar, daß Regenger nicht aus eigenem Antriebe handelte. Mit Recht
haben neuere Geschichtsschreiber die sächsischen Fürsten beschuldigt, ihn
angestiftet zu haben.²) Und die Herzöge glaubten leider dem Be=
trüger; mit trotziger Entschiedenheit forderten sie von Heinrich, er
möge sich von der Anklage reinigen, wenn sie anders ihm weiter ihre
Treue bewahren sollten. Der König war auf's höchste erbittert: mit
eigner Hand werde er mit Rudolf kämpfen, der keine andere Absicht
habe, als ihm die Krone vom Haupte zu reißen. Doch Ulrich von Godes=
heim, einer der Getreuesten, erklärte sich bereit, mit Regenger im Gottes=
urtheil zu kämpfen; er selbst bot es Rudolf an. Dem aber schien es
gerathener, die Sache an die Oeffentlichkeit zu bringen: er wolle erst
den Entscheid der Fürsten abwarten.³)

Der Mainzer Erzbischof, der jetzt im Bündniß mit Rudolf sein
Heil zu erblicken glaubte, da des Königs Sache schlimm genug zu
stehen schien, bot ihm bereitwillig die Hand; er berief nach Mainz
eine Fürstenversammlung, um ihrer Entscheidung die schwebende Sache
vorzulegen. Aber nur wenige kamen; den meisten mochte es doch
mißlich bedünken, ohne Vorwissen und Willen des Königs so wichtige
Angelegenheiten zu berathen; auch die erschienenen wagten nicht, zu
einer Beschlußfassung zusammenzutreten. Schon wollten sie sich wieder
von Mainz entfernen, als Heinrich sie zu einer Besprechung nach
Oppenheim einlud.⁴)

Der König hatte indeß reiche Beweise der Liebe seiner Unter=
thanen erfahren; er hatte kennen gelernt, daß es doch so manche
Herzen in den weiten deutschen Landen gab, die ihm warm entgegen=
schlugen, daß der Herrscher, so gefährdet augenblicklich sein Ansehen,
doch nicht ganz verlassen war. Als er von der beabsichtigten Mainzer
Versammlung hörte, war er eilig aufgebrochen, um sie zu verhindern
oder doch feindselige Beschlüsse zu hintertreiben. Zwar ergriff ihn
in Ladenburg ein schweres Körperleiden, aber rasch überwand er es
wieder und eilte nach Worms. Dort empfingen ihn die Bürger mit

---

¹) Siehe Beilage X.
²) Floto I, 396.
³) Lamb. p. 203, 204. Berthold. ad a. 1073.
⁴) Beilage X.

Frohlocken — den Bischof, welcher Heinrich die Thore schließen wollte, hatten sie vertrieben —; ihre ganze Manneskraft stellten sie ihm zur Verfügung und schwuren Beistand in jeder Noth, in jeder Gefahr. Und Heinrich wußte ihre treue Hingabe und Opferwilligkeit zu schätzen, mit reichen Privilegien stattete er sie aus und stellte sie allen Städten seines Reiches als Muster hin.[1])

Von dort aus eilte er nach Oppenheim, wohin die Fürsten, seiner Aufforderung folgend, gekommen waren. Wir wissen nicht, wer zugegen war; aber sei es, daß die Treue der Wormser Heinrich's Stellung neu gekräftigt hatte, sei es, daß sie der Billigkeit sich nicht verschließen konnten, sie waren bereit, durch einen Zweikampf zwischen Regenger und Ulrich eine Entscheidung herbeiführen zu lassen. Im Januar sollte er stattfinden, aber einige Tage vorher starb Regenger vom plötzlichen Wahnsinne ergriffen. Das war für die zeichen- und wundersüchtige Zeit ein entscheidendes Gottesurtheil; fortan wandten sich viele dem Könige zu und „er fing von Tag zu Tag mehr an, die Nachstellungen seiner Feinde gering zu achten."[2])

Während der König in Worms weilte, wo er auch von einigen treuen Fürsten umgeben das Weihnachtsfest feierte, hatte der Krieg in Sachsen seinen Fortgang. Von der Genugthuung, die die Sachsen in Köln leisten sollten, war nicht mehr die Rede: die Ereignisse des Herbstes, die in des Königs Stellung eine so beträchtliche Aenderung hervorgerufen, hatten auch dieser Verabredung ihre bindende Kraft genommen. Auch der König selbst war nicht in Köln erschienen. Die Harzburger, durch eine Verschanzung, welche die Sachsen auf einem gegenüberliegenden hohen Berge erbaut hatten, im Zaume gehalten, beschirmten doch nicht minder ihre Feste in tapfrer Vertheidigung,[3]) aber die schwer bedrängte Besatzung der Hasenburg bat den König dringend um Unterstützung.

Dieser dachte nun daran, die unterbrochenen Verhandlungen wieder aufzunehmen und forderte auf's neue Anno und Siegfried dazu auf. Sie waren bereit und luden die Sachsen zu einer Unterredung nach Corvey ein; in der Woche vom 12. zum 18. Januar kam man dort zusammen. Die Unterhändler begehrten von den Sachsen im Namen des Königs die Aufhebung der Burgbelagerungen, aber ohne Willfährigkeit zu finden. Man kam zu keinem andern Resultate, als daß für den Anfang Februar eine Versammlung der Fürsten in Fritzlar verabredet wurde, bei der auch Heinrich selbst erscheinen sollte.[4])

---

[1]) Lamb. p. 204. Stumpf 2770.
[2]) Berthold ad a. 1073. Lambert a. a. O.
[3]) Den Kampf der Goslarer mit den Harzburgern, den Lambert hier p. 205 erzählt, stellt das Carmen wohl richtiger vor den Gerstunger Tag.
[4]) Lambert erzählt, die Sachsen hätten erklärt, dort solle ein neuer König gewählt werden; wenn Heinrich sich einen Vortheil davon verspräche, solle er selbst kommen und seine Sache vertheidigen. Wer der obigen Kritik des Tages von Gerstungen ꝛc. beitritt, wird auch diese Aussage Lambert's verwerfen müssen.

Dieser brach zu derselben Zeit aus Worms auf, von einem Heere begleitet, das zwar nicht so zahlreich wie die sächsischen Schaaren, aber doch nicht unbedeutend war. Der Winter war überaus hart und streng; so kam es, daß beide Heere bittre Noth litten, und sich Nahrung und Obdach verschaffen mußten, wie sie gerade zu erlangen waren. Auf beiden Ufern der Werra, in der Nähe von Bacha lagerte man, der Fluß war mit starkem Eise bedeckt. Die geistlichen Fürsten waren zahlreich um den König versammelt, unter ihnen so manche Getreue, wie Liemar von Bremen, Udo von Trier, Dietrich von Verdun, Eppo von Naumburg; dann Hermann von Metz, Embrico von Augsburg, Ellenhard von Freisingen, Gundechar von Eichstädt und natürlich Anno und Siegfried werden uns in Urkunden genannt.[1]

Der König schickte den Hersfelder Abt hinüber zu den Sachsen, um deren Gesinnung zu erforschen. Wider Erwarten kehrte er mit günstiger Antwort zurück; die strenge Kälte, die alles lähmte, die darob entstehende Unzufriedenheit der Mannschaften, endlich auch das Bewußtsein, daß sie allein standen, daß sie von den andern Fürsten des Reiches keine Unterstützung zu erwarten hatten, mochte den starren Sinn der Anführer gebrochen haben. — So schickte denn der König vier Bischöfe, unter ihnen, wie man mit Sicherheit annehmen darf, auch Anno und Siegfried, um die beiderseitigen Friedensbedingungen festzustellen. Die Sachsen stellten weitgehende Forderungen, die Zerstörung der Burgen und allgemeine Amnestie standen oben an. Lambert, der einzige, der uns ausführlichen Bericht giebt, erzählt, der König habe darauf nicht eingehen, sondern zu den Waffen greifen wollen, aber sein Heer habe den Kampf verweigert und seine Freunde ihm zugeredet, die Bedingungen zuzugestehen. Das ist möglich, wenn man sich auch hier hüten muß, Lambert's breite Schilderung für völlig wahr anzunehmen; der König, dessen Lage gegenüber der offenbaren Unsicherheit der Rebellen nicht allzu ungünstig war, mag sich schwer zur Nachgiebigkeit entschlossen haben. Auf sächsischer Seite wirkte merkwürdigerweise gerade Otto von Nordheim für den Frieden. Endlich, nachdem Heinrich eingewilligt, gingen denn am 2. Februar 1074 fünfzehn Bischöfe[2] und sämmtliche Fürsten hinüber zu den Sachsen,

---

[1] Stumpf 2771 u. 2772. — Lamb. p. 207. Bruno c. 31. Lambert sagt, die Erzbischöfe von Mainz und Köln, die Bischöfe von Worms und Straßburg und alle Herzöge von Schwaben, Baiern, Ober- und Niederlothringen, Kärnthen, die Ritter von Fulda und Hersfeld hätten sich geweigert, ihm Soldaten zu stellen. Aber das ist in dieser Form wohl Uebertreibung. Freilich mochten bei Heinrich's Heere die Entfernteren fehlen, aber das erklärt einfach die so ungünstige Jahreszeit; es war wohl auch kaum ein regelrechtes Aufgebot erfolgt. Daß Heinrich ein nicht unbedeutendes Heer um sich hatte, geht aus allen Berichten, auch aus dem Lambert's, hervor. Bruno a. a. O. sagt: exercitu quidem magno, sed non ad proeliandum parato, nisi magna necessitas cogeret.

[2] Zehn kennen wir; mit Sicherheit darf man noch auf die Anwesenheit Benno's von Osnabrück, Adalbero's von Würzburg, Hermann's von Bamberg und des durch die Wenden vertriebenen Ezzo von Altenburg schließen; der fünfzehnte Bischof ist zweifelhaft, vielleicht Wilhelm von Utrecht.

um den Frieden abzuschließen; mit ihnen kehrten die Aufständischen zum Könige zurück, der sie freundlich aufnahm, ihnen den Friedenskuß bot und alle Abmachungen bestätigte. Unter großem Jubel des Volkes brachen dann alle vereint nach Goslar auf.¹)

Als Heinrich den Frieden einging, hatte er sich im stillen mit der Hoffnung getragen, daß es ihm im Laufe der Zeit, wenn alles zur Eintracht zurückgekehrt sei, möglich sein werde, die härteren Bedingungen zu umgehen. Um die sächsischen Fürsten zu gewinnen, berief er sie für den 10. März nach Goslar. Aber sein Wunsch ging nicht in Erfüllung; er mußte die Zerstörung seiner Burgen anbefehlen. Dies geschah, von der Harzburg sollten indeß nur die Mauern und Befestigungswerke abgetragen werden. Die Leute, die der König mit dem Abbruche beauftragt hatte, nahmen Bauern aus der Umgegend zur Hilfe, die sich bei der Zerstörung der verhaßten Bollwerke gern betheiligen mochten und daher, wie es scheint, in großer Menge erschienen. Und als sie einmal die Ringmauern fallen sahen, da ergriff sie der Eifer und die Wuth, alles zu zerstören, was sich auf dem Berge befand; auch der übrigen Gebäude, selbst des prächtigen Domes wurde nicht geschont, die Reliquien wurden herausgerissen, die Asche des Bruders und des Sohnes Heinrich's, deren Gebeine er in der Kirche bestattet hatte, in alle Winde zerstreut.²)

Die an dem Frevel gänzlich unschuldigen Fürsten waren auf's höchste bestürzt und sandten alsbald Boten an Heinrich, um seinen Zorn zu mildern. Freilich gelang ihnen das nicht, aber dem Könige lagen damals dringende Geschäfte ob, die ihn nöthigten, seine Rache auf gelegenere Zeit zu verschieben.

Anno hatte sich von Sachsen in seine Diöcese zurückbegeben. So sehr man auswärts und namentlich in manchen Klöstern seine Tugenden feierte und seine Heiligkeit pries, diejenigen, welche mit ihm näher zu thun hatten, die namentlich in weltlichen Beziehungen mit ihm in Berührung standen, dachten anders über den Bischof. Sein strenges Regiment, seine Härte, sein leidenschaftlicher Jähzorn hatte ihn in Köln auf's höchste verhaßt gemacht, die Erbitterung ging so weit, daß er bei seinen nächtlichen Kirchgängen einmal schwere Mißhandlungen zu erdulden hatte; selbst Mordanschläge hatte man gegen ihn, welchen man sogar der Räuberei und Ungerechtigkeit beschuldigte, gemacht.³) Bis in die späte Zeit pflanzte sich die Kunde von des Erzbischofs Härte und Grausamkeit fort; die Deutung, die man den sogenannten Grynköpfen gab, wenn sie auch gänzlich in das Gebiet der Fabel zurückzuweisen ist, zeigt hinlänglich, in welchem Andenken er bei den

---

¹) Lamb. p. 208 ff. Bruno c. 31. Lambert ergeht sich in seiner Weise: die Forderung der Amnestie für Anno und Siegfried, die ja stets beim Könige und sogar seine Abgesandten gewesen waren, klingt ganz unwahrscheinlich.
²) Nach Bruno c. 42. Anders Lambert und das Carmen.
³) Vita Annonis p. 471, 465. Sie beklagt sich sehr oft darüber, wie wenig man in Köln die Tugenden und Heiligkeit Anno's anerkenne, wie schwere Beschuldigungen man gegen ihn erhöbe.

Kölnern geblieben war.¹) Es kam noch ein andres Moment hinzu. Köln war damals bereits eine der reichsten Städte Deutschlands,²) sein Handel, der sich bis England erstreckte, blühte auf's lebhafteste, Künste und Gewerbe fingen an sich zu regen, und die Bürger waren gewohnt, sich das Leben durch mancherlei Luxus zu verschönern. Wie schwer mußte sie daher die völlige Abhängigkeit vom strengen Gebieter kränken, wie lebhaft mochten sie sich sehnen, dem harten Joche ein Ende zu machen. Und ein glänzendes Beispiel von Bürgermuth und Bürgerkraft hatte soeben erst die Augen von ganz Deutschland auf sich gezogen; die kühne Auflehnung der Wormser gegen ihren Bischof, der reiche Lohn, den sie gefunden, hatte auch auf die übrigen Städte nicht verfehlt, tiefen Eindruck zu machen. Kein Wunder daher, wenn die Bürger, als wieder ein rücksichtsloser Gebrauch der bischöflichen Gewalt gemacht wurde, sich mit allen Kräften dagegen zu wahren suchten und mit Feuereifer sich erhoben.³)

Anno hatte mit dem Bischofe Friedrich von Münster zusammen das Osterfest begangen; letzterer dachte an die Rückfahrt, die er zum Theil zu Wasser zurücklegen wollte. Der Erzbischof schickte daher an den Strand des Rheines Diener, welche irgend eins der dort liegenden Schiffe zu diesem Zwecke in Beschlag nehmen sollten. Das eines sehr reichen Kaufmannes schien ihnen besonders geeignet: sie befahlen daher, die Waaren aus demselben herauszuwerfen und es für den Gebrauch des Bischofes bereit zu machen; als die Schiffsleute ihrer Weisung nicht nachkamen, drohten sie mit Gewalt. Schnell eilen diese zu ihrem Herrn; dessen Sohn, ein in der Stadt hochangesehener

---

¹) „Die Schöffen hätten einst nach des Erzbischofes Ansicht ein ungerechtes Urtheil über eine Wittwe gefällt. Da habe sie derselbe nach Siegburg bestellt und ihnen die Augen ausstechen lassen, nur einen, der sich um Anno besonders verdient gemacht, habe er verschont, damit er seine Gefährten in die Stadt zurückleiten könne. Zur Erinnerung hätten die Bestraften Köpfe mit leeren Augenhöhlen an ihren Häusern anbringen müssen." Die großen Masken dienten zum Schmuck der Häuser, in die Augenlöcher wurden Ballen zum Hinaufziehen von Waaren 2c. eingesetzt.
²) Civitas frequentissima et post Moguntiam caput et princeps Gallicarum urbium. Lamb. p. 215.
³) Daß der König Schuld an dem Aufstande getragen, wie Lambert p. 211 u. 239 andeutet, ist ganz unglaublich. Der Aufstand war das Werk einer momentanen Erregung, die lange angehäuftem Grolle Luft machte; die Planlosigkeit desselben — denn eine Organisirung läßt sich nirgends erkennen — zeugt gegen jede Vorbereitung. Hätte Heinrich um den Aufstand gewußt und hätte er ihn in seinem Interesse gegen Anno ausbeuten wollen, so würde er nicht unterdessen im fernen Bamberg geweilt und dadurch es dem Bischofe möglich gemacht haben, die Stadt wieder so leicht zu bezwingen. Oder er wäre wenigstens auf die Kunde vom Aufstande nach Köln geeilt; aber auch das geschah nicht: er blieb ruhig in Baiern. Daß die Vertriebenen seine Hilfe angingen, ist selbstverständlich, da Heinrich der alleinige Oberherr Anno's in solchen Dingen war. Die Rolle, die Gfrörer VII, 352 ff. den Stadtpräfecten spielen läßt, ist sicher falsch; da derselbe ein Beamter des Bischofes war und von diesem ernannt wurde, ist doch nicht anzunehmen, daß er von vornherein gegen denselben operirt habe. Ueberhaupt scheint mir Gfrörer die Stellung der Burggrafen in bischöflichen Städten falsch aufzufassen.

Jüngling, rafft eiligst einige Diener und Freunde zusammen und verjagt die erzbischöflichen Leute, welche auf's neue des Schiffes Entlastung fordern. Der Stadtvogt sucht für den Erzbischof einzuschreiten, auch er wird zurückgetrieben.

Die Kunde von dem Vorfalle erregte Anno's Jähzorn; die verdiente·Strafe solle die Aufrührer bei der nächsten Gerichtssitzung treffen.

Der aufgeregte Kaufmannssohn fand nach dem ersten Triumphe, den er errungen, keine Ruhe; überall in der Stadt eilte er umher, um die Bürger anzufeuern, um sie zu vermögen, den Ungerechtigkeiten ihres Herrn endlich ein Ende zu machen. Nur allzu leicht gelang es ihm, die Köpfe zu erhitzen. Und Anno goß Oel in das Feuer, indem er am folgenden Tage nach der Messe in der St. Georgskirche über den Vorfall sprach und den Kölnern des Himmels Zorn verkündete, wenn sie nicht dem Teufel widerstünden und aufrichtige Reue zeigten. Gegen Abend, als die beiden Bischöfe in dem Hofe des Palastes speisten, brach auf einmal die empörte Menge herein; ein Hagel von Steinen und Geschossen ergoß sich über die Bestürzten; nur mit größter Gefahr gelang es, den Erzbischof in den Petersdom zu retten, dessen Thüren fest verrammelt wurden.[1]) Die bischöfliche Pfalz wurde inzwischen ausgeplündert, die Weinkeller geleert, die so reichlich versehen waren, daß die Masse des ausströmenden Weines fast die Plündernden ertränkt hätte.[2]) In der Capelle fand man einen Diener, der sich angstvoll in einen Winkel verkrochen hatte; in dem Wahne, der Bischof selbst sei es, tödteten sie ihn; nun endlich sei die bissigste Zunge zur Ruhe gebracht, riefen sie aus. Bald indeß wurde bekannt, daß der Bischof sich gerettet habe; zum Petersdom strömte die zügellose Menge; sie drohte Feuer anzulegen, wenn ihr Anno nicht ausgeliefert würde. Ein günstiger Zufall ermöglichte indeß die Flucht. Aus dem Dome führte ein Gang in das an der Stadtmauer gelegene Haus eines Canonicus; kurz vorher hatte der Bischof demselben gestattet, eine Pforte in's Freie durchzubrechen. Durch diese entfloh man; Pferde waren bereit gehalten, welche die Flüchtigen noch in derselben Nacht nach Neuß trugen.

Als die Kölner am folgenden Tage des Entkommens ihres geistlichen Hirten inne wurden, dachten sie zunächst daran, die gewonnene Freiheit zu vertheidigen, mit der freilich einige, wie es

---

[1]) An dem Sturme läßt Lambert p. 212 natürlich auch den Teufel in Person theilnehmen, bedeckt mit Helm und Panzer, einen feurigen Dolch schwingend und keinem gleichend als sich selbst. Mit einer Trompete die Menge anfeuernd, stürmte er voraus, plötzlich aber (als sie in dem für den Teufel unbetretbaren Bischofshof eindrangen) verschwand er aus den Augen der ihm folgenden. Gfrörer VII, 354 u. 355 meint: „Wahrlich, daß muß einer von jenen zwölf höllischen Buben oder Paladinen Heinrich's IV. gewesen sein, welche die vom Könige beschlossenen Verbrechen zu vollstrecken pflegten!"

[2]) Wie stimmt das zur apostolischen Armuth Anno's, die auch Aegidius Müller wieder aufwärmt?

bei solchen Anlässen unvermeidlich ist, groben Mißbrauch trieben; vor allem suchten sie sich mit dem Könige in Verbindung zu setzen, um durch seine Vermittlung sich vor der Rache des Bischofes zu schützen. Auch Anno säumte nicht, ein großes Heer zu sammeln; er bot seine Vasallen auf, viele strömten freiwillig hinzu, aus übergroßer Liebe zum Bischofe, sagt Lambert; die Hoffnung, in der reichen Stadt Beute zu machen, zog wohl noch mehr. Als er nach drei Tagen heranzog, sank den Kölnern der Muth. Noch war den Städten Teutschlands der Gedanke, gegen ihre Herren Krieg zu führen, zu ungewohnt, noch war ihnen das Bewußtsein der innewohnenden Kraft nicht so recht aufgegangen — sie boten ihre unbedingte Unterwerfung an. Anno erklärte, denen, welche würdig Buße thun würden, seine Verzeihung nicht vorenthalten zu wollen, und berief die Theilnehmer an dem Aufstande zur Genugthuung nach St. Georg. Alle erschienen reumüthig mit nackten Füßen im Büßergewande; sie wurden für den folgenden Tag in den Dom beschieden, um dort ihre zu leistende Buße zu vernehmen. Doch getraute sich Anno noch nicht, selbst in die Stadt einzuziehen; er zog um die Stadt herum nach St. Gereon, welches damals außerhalb der Mauern lag. Zugleich entließ er die Bauern, welche sich ihm freiwillig angeschlossen hatten, da er einsehen mochte, daß nur Plünderungssucht sie herbeigeführt; die Vasallen behielt er indeß in hinreichender Anzahl bei sich, um einen etwaigen wiederholten Empörungsversuch sogleich niederschlagen zu können. Diese Truppen schickte er sofort in die Stadt; ihr Erscheinen rief die größte Bestürzung hervor, so daß gegen sechshundert der reichsten Bürger es vorzogen, sich lieber aus der Stadt zu entfernen, als sich der Rache des Bischofs und seinem Heere preiszugeben.

So kam es denn, daß in den folgenden Tagen niemand oder nur sehr wenige erschienen, um die Buße zu vernehmen; die Zurückgebliebenen mochten nunmehr fürchten, sich als Schuldige zu bekennen und gern die Gelegenheit ergreifen, alle Schuld auf die Entwichenen zu schieben. Auch hatte ja Anno es ganz unentschieden gelassen, welche Strafe er über sie verhängen werde, Grund genug, den Mund der Strafbaren vor freiwilliger Anklage zu verschließen. „Da riß — so erzählt Lambert — „nach drei Tagen die Geduld der bischöflichen Soldaten; ohne Wissen des Bischofs, wie die meisten versichern, brachen sie in die Häuser ein, plünderten und mordeten nach Herzenslust. Die Gefangenen wurden gefesselt und auf das grausamste gestraft, so daß es wenig mit der großen Meinung, die man vom Erzbischofe hegte, übereinstimmte. Der Jüngling, der das Zeichen zum Aufstande gegeben hatte, wurde mit einigen andern geblendet, einige gepeitscht und geschoren, alle auf's schwerste an ihrem Vermögen gestraft und zu dem Schwure gezwungen, sich nicht an dem Bischofe zu rächen, ihm im Gegentheil gegen jedermann mit allen Kräften beizustehen und die Entflohenen, bis sie Genugthuung geleistet, als Feinde zu betrachten."

Es ist ganz unmöglich, daß der Bischof diesem Strafacte ferngestanden haben kann; die verhängten Strafen, namentlich die Buße am Vermögen, deuten ganz darauf hin, daß sie nicht von einer raubenden Rotte, sondern von Rechtswegen im Gerichte verhängt wurden. Wäre Anno an den furchtbaren Scenen unschuldig gewesen, so hätte sein Herz durch sie müssen gerührt werden; aber sein harter Sinn ließ den Grimm gegen die Kölner mit nichten fahren: noch ein ganzes Jahr zürnte er ihnen schwer, bis Todesahnung ihn zur Verzeihung bewog.

Zugleich wandte er sich an den Papst, nunmehr Hildebrand, der dem am 21. April 1073 gestorbenen Alexander als Gregor VII. durch die Wahl der Römer gefolgt war, und wurde von den Legaten, die damals in Nürnberg beim Könige erschienen waren, ermächtigt, den Bann über die Flüchtlinge auszusprechen. Dies geschah in der Pfingstwoche; der Erzbischof theilte es den umwohnenden Bischöfen unter dem Ersuchen mit, die in ihrem Gebiete weilenden auszuweisen, „damit nicht seine verpestete Heerde die gesunden anstecke." „Ich bitte eure Brüderlichkeit, daß ihr den Inwohnern eures Bisthums dieses Anathema mittheilen möget und nicht zulasset, daß die euren sich mit dem Aussatze der Excommunicirten beflecken; sondern treibt sie fort und verjagt sie aus euren Grenzen, damit nicht ihre Reden, die wie der Krebs schleichen, die euren aufreizen, etwas ähnliches gegen euch zu wagen."[1)]

Seine Strenge und Härte hatte für Köln die traurigsten Folgen. Die Stadt, vorher nach Mainz die reichste und bevölkertste, veröbte auf einige Zeit fast gänzlich; wo sonst ein dichtes Menschengedränge die Straßen durchwogte, sah man nur hin und wieder einen Bewohner; tiefes Schweigen herrschte an Stelle des früheren geräuschvollen Lebens.[2)] Grund genug, daß die Kölner den Groll gegen ihren Erzbischof bis über sein Leben hinaus behielten. Aber auch in Anno hatte die Auflehnung eine ununterbrochen schmerzende Wunde zurückgelassen, der stolze Herr konnte denen, welche er als seine Diener betrachtete, die gegen ihn gerichtete Kraftäußerung nicht verzeihen.

Aber die Reihe der Leiden war für dieses Jahr noch nicht erschöpft.

Heinrich hatte sich von Nürnberg, wo er mit seiner Mutter und den Legaten Gregor's VII. Unterredung gepflogen, nach Regensburg gewandt. Sein Schwager Salomon, König von Ungarn, war von Joas, dem Neffen des 1063 gestorbenen Bela, vertrieben worden und hatte wieder als Flüchtling den deutschen Boden betreten müssen. Die Sache war dringend genug und erheischte die schleunigste Abhilfe; schon hatte der König in Regensburg die nöthigsten Vorbereitungen zum Ungarnkriege getroffen, als ihn die Nachricht

---

[1)] Sudendorf Registrum I, 5.
[2)] Lamb. p. 215.

ereilte, die Westgrenze sei nicht minder gefährdet: dort drohe der Normanne Wilhelm, der, nachdem er sich England unterworfen, auch das deutsche Reich seiner Herrschaft hinzufügen wolle. Und selbst deutsche Fürsten ständen mit ihm im Bunde, vor allen Anno von Köln. So unbegründet gewiß der Verdacht war, so ist es doch leicht erklärlich, daß der König ihm offenes Ohr geschenkt hatte. In der That stand Anno dem Eroberer nicht ganz fern. Als dieser 1066 nach England übersetzte, hatte er vorher mit dem deutschen Könige ein Bündniß abgeschlossen, das ihm Schutz und Beistand gegen alle Feinde verhieß.[1]) Anno war damals einflußreiche Person, außerdem machen die vielfachen Beziehungen, in denen Köln zum westlichen Europa, namentlich zu England, stand, es wahrscheinlich, daß er gerade im Interesse seiner Stadt und ihres Handels den künftigen Herrscher des Inselreiches sich geneigt machen wollte. Es wird uns von Gesandtschaften erzählt, die Wilhelm an Anno schickte;[2]) noch in späteren Jahrhunderten rühmten die Kölner mit Vorliebe, daß schon Wilhelm ihrem englischen Handel bedeutende Privilegien ertheilt habe.[3]) Wie sehr da Anno wieder über dem Vortheile seines Bisthumes den des Reiches vergaß, liegt auf der Hand. Und es mag ihm im Reiche gewiß bitteren Tadel eingebracht haben; ungemein war die Aufmerksamkeit und die Theilnahme, welche der Fall des stammverwandten Reiches in Deutschlands Gauen fand. So wenig sich sonst die Klosterjahrbücher um Dinge bekümmerten, die außerhalb der Reichsgrenzen vor sich gingen: der Eroberung Englands, der Schlacht von Hastings gedenken viele von ihnen.

Daran mochte sich Heinrich erinnern, als die Kunde vom Verrathe des Kölners erscholl; eiligst wandte er sich nach den bedrohten Landestheilen. In Mainz feierte er Pfingsten, von dem Erzbischofe, der sich vor dem neuen Glücksterne Heinrichs wieder willig beugte, auf's prachtvollste empfangen. Dort kamen ihm bereits Boten Anno's entgegen, beauftragt, die gegen ihren Herren erhobenen Beschuldigungen zu entkräftigen und für denselben ein Zwiegespräch zu erbitten. Letzteres wurde bewilligt; in Andernach fand die Zusammenkunft statt. Von dem Verdachte des Landesverrathes reinigte sich der Erzbischof sofort durch einen Eid, dann zog er mit dem Könige zusammen nach Köln weiter. Die unglücklichen Bürger hatten Heinrich um Vermittlung angefleht und vielleicht in dankbarer Erinnerung an Worms war er gern bereit, ihnen soviel wie möglich seinen Schutz angedeihen zu lassen. Zwei Tage lang saß er zu Gericht, um die Klagen zu vernehmen, dann forderte er vom Erzbischofe, daß derselbe seine

---

[1]) Et Romanorum imperatori Henrico .... noviter iunctus fuit in amicitia, cuius edicto in quemlibet hostem Germania ei, si postularet, veniret adiutrix. Guilelmus Pictaviensis bei Migne patrologiae cursus CXLIX p. 1246.
[2]) Vita Annonis p. 478.
[3]) Sartorius: Urkundliche Geschichte der deutschen Hansa, 5.

Untergebenen vom Banne befreien solle. Aber es war vergeblich, den starren Sinn des Erzbischofes erweichen zu wollen; Heinrich, der nicht mit ihm brechen wollte, sah sich genöthigt, nachzugeben und von seiner Forderung abzustehen.[1]

Gar sehr pries bald nachher der Bischof die heiligen Ewalde, deren Gebeine er im St. Cunibertstifte niederlegte, daß sie ihm in höchster Gefahr geholfen. „Als ich in große Bedrängniß gerieth, da weiß ich, daß durch die Fürbitte des heiligen Cunibert, des heiligen Clemens und der Ewalde meine Furcht in Hoffnung, meine Traurigkeit in Freude, meine Gefahr in Sicherheit verwandelt worden ist und viele gottlose Rathschläge gegen mich vereitelt."[2]

Es war das letzte Mal, daß Anno mit seinem Herrscher zusammenkam; von nun an lebte er still und zurückgezogen in seiner Diöcese; den Dingen, die im Reiche vor sich gingen, so sehr sie auch seine Gedanken in Anspruch nehmen mochten, stand er fern. Wir können sie im folgenden nur kurz berühren.

Schon früher hatten wir bemerkt, wie auch in Anno der Zug der Zeit zu übertriebener äußerer Frömmigkeit sich geltend machte; jetzt, wo das Leben ihm so viele Enttäuschungen bereitet, so viele harte Schläge ertheilt hatte, warf er sich dem Mönchsthume ganz und gar in die Arme. Gebrochen war sein rastloser Geist mit nichten; aber da die politische Rolle ausgespielt war, suchte er auf einem anderen Felde Beschäftigung und Befriedigung. Er widmete sich mit Eifer der Ausschmückung und Verherrlichung seiner Kirchen und Klöster; am liebsten hielt er sich in Siegburg auf und führte dort ein Leben ganz den strengen Ordensregeln angemessen. Der Siegburger Mönch, der sein Leben beschrieb, weiß uns gar viel von seiner tiefen Devotion, seiner eifrigen Frömmigkeit, der Vertraulichkeit seines Verkehrs mit den Brüdern zu erzählen. — Drei Klöster hatte er gegründet: Siegburg, Saalfeld und Grafschaft, zwei Stiftungen in Köln verdankten ihm ihre Vollendung: St. Maria zu den Greden und St. Georg; viele Kirchen hatte er geschmückt oder umgebaut, namentlich St. Gereon.

Sein Verhältniß zu Rom hatte durch die bitteren Lehren, die ihm dieses ertheilt, einen schweren Stoß erlitten; in den letzten Zeiten Alexanders scheint er fast gar nicht mit der Curie in Verkehr gewesen zu sein. Und auch in diesen letzten Lebensjahren wurde er gegen den apostolischen Stuhl nicht willfähriger, wußte er seine Selbständigkeit zu wahren. Als Gregor VII. die päpstliche Tiara erlangt hatte, beeilte sich Anno durchaus nicht, ihn zu begrüßen und zu beglückwünschen; fast ein ganzes Jahr ließ er verstreichen, ehe er dem Papste seine Devotion bezeugte. Gregor, eingedenk des Spruches: Wer nicht mit mir sammelt, der zerstreut, ließ diese Vernachlässigung nicht ungestraft hingehen, die bittersten Worte ließ er den

---

[1] Lamb. p. 216 malt auch hier in grellen Farben soviel wie möglich zu Anno's Gunsten, zu Heinrich's Nachtheil.
[2] Urkunde vom 3. Oct. 1071.

Schuldigen hören. „Mit Recht können wir Dich nicht allein der Nach=
lässigkeit anklagen, sondern sogar der Erregung von Streit, nach
jenem Worte: wer nicht mit mir ist, ist wider mich; obgleich es uns
sehr leicht fällt, diesen Streit mit Gottes Hilfe durch die Ruthe der
apostolischen Züchtigung zu schlichten. Denn wenn wir erfahren, daß
Du die Ehre des heiligen Petrus nicht im ganzen, sondern nur zum
Theil, nur in Köln, nicht in Rom liebst, so wirst Du uns weder im
ganzen, noch zum Theil haben können."[1]) Anno mag dann sein
Versehen gut gemacht haben, die folgenden Briefe Gregor's wenig=
stens sind in freundlicherem Tone geschrieben. Ende 1074 forderte
er den Bischof auf, einen zwischen dem Osnabrücker Bischofe, dem
Corveyer Abte und einer gewissen Aebtissin entstandenen Streit auf
einer in Köln zu haltenden Synode zu schlichten;[2]) ungefähr zu der=
selben Zeit schrieb er an Anno, er solle in den Herzog Gottfried
dringen, damit dieser endlich das Testament seines Vaters, der Kirchen
und Klöstern überreiche Schenkungen gemacht hatte, ausführe; wenn
Anno diesem Auftrage nachkam, so geschah es ohne Erfolg.[3])

Es ist bekannt, wie eifrig sich Gregor alsbald nach seiner Wahl
bemühte, den Synodalbeschlüssen über die Priesterehe Geltung zu ver=
schaffen; aber gerade in Deutschland wollte sich für ihn am wenigsten
günstiger Boden finden. Als Siegfried von Mainz und Altmann
von Passau die Decrete des Papstes verkündeten, geriethen sie fast
in Lebensgefahr, so sehr empörten sich Geistliche und Laien gegen das
„ungeheuerliche Gesetz", wie es ein gleichzeitiger Mönch nennt;[4]) Otto
von Constanz dagegen hatte selbst vom Altare herab seiner Gemeinde
erklärt, sie solle sich durch Gregor's Beschlüsse nicht irre machen lassen
und ruhig fortfahren, in der Ehe zu leben. Auch den Kölner Erz=
bischof forderte der Papst in einem ausführlichen Schreiben auf, für
die Verbreitung des Cölibats unter seinen Clerikern zu sorgen und
zu dem Zwecke in Köln eine Synode zu versammeln.[5]) Diese ist,
soviel wir wissen, nicht gehalten worden; die Krankheit Anno's mochte
sie verhindern. Aber wir wissen, daß der Erzbischof selbst kein eif=
riger Verehrer der gregorianischen Theorieen war, daß er bei der
Besetzung geistlicher Stellen ihnen am wenigsten huldigte. Kurz, es
hat sich zwischen Köln und Rom in Anno's letzten Lebzeiten kein
warmes Verhältniß mehr entsponnen; kühl genug klingt der spätere
Ausspruch Gregor's: „er war ein sonst guter, hier (in der Braun=
weiler Sache) schlecht berathener Bischof."[6])

Außer einer Reise nach Hersfeld im Februar 1075 scheint Anno
während dieses Jahres sich nur in Köln oder Siegburg aufgehalten

---

[1]) Mon. Gregor. ed. Jaffé p. 99. Brief von 1074 Apr. 18.
[2]) Brief von 1074 Nov. 18. Mon. Greg. p. 137.
[3]) Chron. s. Huberti Andag. M. G. Scr. VIII, 584 u. 586.
[4]) Ann. Aug. ad a. 1073: Papae decretum enorme de continentia clericorum per laicos divulgatur.
[5]) Brief von 1074, März 29. M. Gr. p. 187.
[6]) M. Gr. p. 548.

zu haben.¹) Noch grollte er den Bürgern, noch hielt er die Flüchtigen unter dem Bannfluche, da wurde sein starkes Herz, nachdem ihn bereits ein schwerer Krankheitsfall niedergeworfen, durch einen Traum zur Nachgiebigkeit bewogen. So schloß er denn zu Ostern mit seiner Gemeinde Frieden, löste die Gebannten vom Fluche und verkündete allgemeine Amnestie.

Aber noch manche schwere Sorge verbitterte ihm den Lebensabend, noch manche Betrübniß verwundete sein Herz. Einige seiner Diener, deren Ergebenheit er sich durch viele Wohlthaten gesichert zu haben glaubte, verriethen ihn; zwei derselben, Priester, gingen in ihrer Verruchtheit sogar so weit, einen Mordanschlag auf ihren Wohlthäter zu versuchen; ein anderer, der an den Bischof Burchard mit einem Briefe gesandt war, übergab denselben dem Könige. Schon vor dem zweiten Sachsenkriege hatte er den Schmerz gehabt, einen gleichnamigen Schwestersohn, den er zu sich genommen und zärtlich liebte, zu verlieren; bald darauf entriß ihm der Tod einen andern, nicht minder theuren Freund, den Prior Hermann im Kloster Siegburg. Erzbischof und Prior lebten wie Brüder mit einander, beide gleich eifrig auf die Erfüllung der Klosterregeln bedacht; noch lange nach Anno's Tode erzählte man sich wohlgefällig in Siegburg, mit wie harmloser Freundlichkeit beide sich neckten, wenn den einen oder den andern eine kleine menschliche Schwäche beschlichen hatte und er beim Vigiliensingen eingeschlummert war.

Wir wissen, wie sehr Anno' die Seinigen am Herzen lagen, wie eifrig er um sie besorgt war: wie schwer mußte es ihn daher ergreifen, daß er seinen Bruder und Neffen als Gefangenen in des Königs Hand erblicken mußte. So thätig Anno noch 1073 und 1074 an den politischen Ereignissen theilgenommen, so wenig war dies bei der Erneuerung des Sachsenkrieges 1075 der Fall; er blieb die ganze Zeit in seiner Diöcese, da ihm der König auf seine Bitten gewährt hatte, vom Kriegszuge fern bleiben zu dürfen. Aber mit der regsten Theilnahme mag er den Ereignissen gefolgt sein, die dem Könige durch die Schlacht an der Unstrut vom 9. Juni so reiche Lorbeeren flochten und Anno's Freunde und Verwandte so tief demüthigten. Seine letzten Gedanken beschäftigten sich noch mit dem Schicksale der unglücklichen Sachsen.

Schon im Februar hatte den Erzbischof schwere Krankheit ergriffen; noch einmal raffte er sich mit der gewaltigen Selbstbeherrschung, die ihm eigen war, auf, aber schon verkündete sein Antlitz die den Körper verzehrenden Leiden. Er selbst trug das Gefühl des nahen Todes in sich; als er im September zum letzten Male in Siegburg weilte, bestimmte er selbst im Chore die Stelle, an der er ruhen wolle, da er dem aufrührerischen Köln seinen Leib nicht gönnte. Ein furchtbares Leiden hatte ihn ergriffen; die Gicht, die er auf

---

¹) Das folgende aus Lambert ad a. 1075. p. 238—241 und der Vita Annonis p. 498—503.

seinen vielen Kreuz- und Querzügen im Reiche und bei dem häufigen nächtlichen Beten in den Kirchen sich zugezogen hatte, steigerte sich zu einem so hohen Grade, daß endlich an den Beinen das Fleisch von den Knochen sich loslöste. Bis zum Geburtstage des heiligen Gereon hielt er sich noch aufrecht, aber dann waren seine Kräfte erschöpft. Nur die Messe konnte er mit Mühe zu Ende lesen, die Predigt, die er zu halten gedachte, mußte er aufgeben. Von da an verschlimmerte sich die Krankheit mehr und mehr, die Erschöpfung der Kräfte führte eine ungemeine Schlafsucht herbei, er selbst sah sein Ende mit Gewißheit voraus. Er traf daher die nöthigen Anordnungen über seine Hinterlassenschaft, namentlich über die Bezahlung seiner Schulden, deren er, wie das bei seinen umfangreichen Bauten natürlich war, eine beträchtliche Summe hinterließ. Mit rühmlicher Gewissenhaftigkeit sorgte er dafür, daß auch die Juden, die zu seinen Gläubigern gehörten, nicht um ihre Forderung betrogen wurden. — Die Siegburger Mönche blieben natürlich mit dem Gründer ihres Klosters in unausgesetztem Verkehre, schon die Sorge, daß dessen Körper in ihrem Kloster auch wirklich seine letzte Ruhestätte finde, hielt sie in fortwährender Spannung. Aber Anno zerstreute ihre Besorgniß, er bestimmte nochmals, daß seine Leiche nach Siegburg gebracht werde. Der Abt des Klosters Erpho war häufig bei seinem Oberhirten, in seiner Abwesenheit suchte er ihn durch Briefe zu trösten, deren einer erhalten ist. Er sendet dem Kranken Reliquien als den besten Trost und das beste Heilmittel, ermahnt ihn aber nebenbei, einen erfahrenen Arzt zu Rathe zu ziehen, der die Krankheit, so lange sie noch in ihrer Entwicklung begriffen sei, möglicherweise bekämpfen könne.[1]) Zu den treusten Pflegern gehörte auch Graf Gerlach von Wickenrode.[2]) Zwei Tage vor seinem Tode bat ihn Anno, den Herzog Gottfried von Lothringen zu berufen, damit er binnen zwei Tagen nach Köln komme. Als man ihn darauf aufmerksam machte, daß es ganz unmöglich sei, seinen Wunsch in Ausführung zu bringen, trug er dem Grafen Gerlach auf, in seinem Namen den Lothringer zu bitten, daß er für das unglückliche Volk der Sachsen beim Könige nach besten Kräften Fürbitte einlegen möge.

Dies war Anno's letzter Wunsch; schon erwartete man seine Auflösung von Stunde zu Stunde mit solcher Gewißheit, daß reitende Boten bereit standen, um die Trauerbotschaft sofort in der Diöcese zu verkünden. Am Bette saßen zwei Cleriker, die ununterbrochen vorlesen mußten, und mit solcher Aufmerksamkeit und reger Geisteskraft folgte der Bischof ihrem Vortrage, daß er jede falsche Aussprache sofort corrigirte, und wenn einer der Leser erschöpft einen Augenblick innehielt, er ihn durch einen drohenden Blick zum Weiter-

---

[1]) Sudendorf Registrum II, 34.
[2]) Auch von ihm ist ein Brief an Anno erhalten, in welchem er über des Erzbischofes Krankheit spricht und um Gewähr eines Lehngutes bittet. Bei Sudendorf a. a. O. II, 33.

lesen aufforderte. In der Nacht des 4. December endlich erlag der Erzbischof von Köln seinem Leiden; der Schall der Glocken verkündete alsbald durch die ganze Diöcese, daß sie einen der größten Oberhirten, welchen sie je gehabt, verloren.

Als Anno's großer Gegner Adalbert seinen Tod nahe fühlte, da klagte er bitter, daß sein Leben ein vergebliches gewesen, daß er seinem Bisthum mehr geschadet, als genützt. Mit Befriedigung konnte dagegen Anno auf seine Kirche blicken; er hinterließ sie reich und herrlich, er selbst hatte zu ihrem Glanze unendlich viel beigetragen; aber doch hörte man von ihm die seltsamen Worte: „Wehe der armen Welt von denen, die Bischöfe genannt werden, die mir Sünder gleich den Namen, aber nicht das Leben von Priestern führen." Vergeblich bat man ihn um Aufklärung, er wiederholte nur die Worte: „Wehe der armen Welt von denen, die Bischöfe genannt werden."

Anno war vor allem Fürst des Reiches gewesen; so sehr er für sein Bisthum sich bemüht hatte, die Staatsgeschäfte hatten ihn weit mehr in seinem thatenreichen Leben beschäftigt. Und da war die Summa, die er, am Ende angelangt, ziehen konnte, nicht so glänzend, nicht so befriedigend, wie die des bischöflichen Wirkens. Er, welcher dereinst die Zügel des Reiches gelenkt, dem der König willenlos gehorcht, in dessen Hand das Schicksal zweier um den apostolischen Stuhl ringenden Päpste gestanden, starb einsam und verlassen; keiner von allen denen, die einst um seine Gunst gebuhlt haben mochten, stand an seinem Todtenbette. Stets hatte er auf's eifrigste für seine Familie gewirkt: einen seiner Verwandten hatte er dadurch in einen grausen Tod geführt, die andern sah er herabgestürzt von ihrer Höhe, als Gefangene in der Hand des Königs. Und er mußte sich bekennen, daß er zum großen Theil die Schuld an ihrem Unheil trug; hatte nicht sein an dem jungen Könige verübter Raub den Keim zu allen diesen Kämpfen und Empörungen gelegt, sie ermöglicht? Noch schlimmere Früchte trug diese Gewaltthat: wenn nach noch nicht einem Jahre der Papst den Bann über den deutschen Herrscher aussprach, wenn bald darauf Heinrich bittflehend nach Canossa wallte, war nicht auch das die Folge von Anno's Wirksamkeit? Hatte er nicht der Hildebrand'schen Partei den schwankenden Boden unter den Füßen gefestigt? Und das hatte er nicht gethan aus Eifer für die Religion, für die Reinheit der Kirche, sondern getrieben von Selbstsucht, von Herrschgier. Kaum war der Erzbischof, so wie seine Zeit, sich der Tragweite dessen bewußt, was er gethan; die Geschichte erst, die lange Zeiträume mit richtendem Blicke überschaut, nachdem die Ideen, die sie erfüllt, längst verklungen, nachdem die Kämpfe, die sie durchlebt, längst ausgetragen sind, kann es den Nachgebornen lehren. Sie muß über Anno ein Verdammungsurtheil fällen, weil er nicht reinen Sinnes war, aber sie muß ihm die Gerechtigkeit widerfahren lassen und ihm zugestehen, daß er ein bedeutender Mensch war, eine der Persönlichkeiten, welche auf die Geschicke einen nachhaltigen Einfluß ausüben, sie zu schnellerer Erfüllung bringen, wenn sie auch nichts neues schaffen, keine neue Idee zur Welt fördern. Der Kampf zwischen weltlicher und geistlicher Macht mußte ausgekämpft werden; wenn ihn auch Anno förderte und zu schnellerem Ausbruche brachte, zu vermeiden war er nicht. Und nachdem einmal der bittere Kelch von der Menschheit geleert ist, genießen wir, genießt die Nachwelt die Früchte davon. Das deutsche Kaiserthum und das römische Papstthum waren die Formen, in denen das Germanenthum zu seiner vollen geistigen Bedeutung reifte; als dann die Formen, freilich gewaltsam, zerschlagen wurden, kam unter ihren Trümmern erst der edle Inhalt zu Tage. Die moderne Geistesbildung war unmöglich ohne jene beiden Factoren; sie waren es, welche der Mischung von antikem und christlichem Wesen, von römischem und germanischem zur Abklärung und Läuterung verhalfen. Der Prozeß hat Jahrhunderte gedauert, hat unsägliches Elend über die Zeitgenossen gebracht, eine lange Zeit der politischen Schwäche Deutschlands folgte ihm nach; der Fortschritt in der Geschichte ist kein ruhiger und kann es nicht sein. Aber dem Kampfe folgt der Friede nach, aus der Zerstörung entwickelt sich neues, herrlicheres Leben.

Beilagen.

I.

Nicht Hanno, sondern Anno ist die allein richtige Namensform, deren sich sowohl der Erzbischof selbst wie die gleichzeitigen Chronisten ausschließlich bedienen. Der Name ist nicht semitischen Ursprunges, sondern echt deutsch, durch Zusammenziehung aus Arnhard entstanden. In gleicher Weise wird aus Bernhard Benno, aus Burchard Bucco. Daß der Erzbischof aus Schwaben stammte, sagt die Vita Annonis (M. G. Scr. XI, 467.) übereinstimmend mit dem Chron. Magdeburg. bei Meibom. II, 313. Die Folgezeit hat sich bemüht, ihm eine höhere Abkunft zuzusprechen, man leitete ihn aus dem berühmten Geschlechte der Grafen von Dassel ab; und die Wappen Anno's in den Kölnischen Kirchen (die natürlich sämmtlich der späteren Zeit angehören) tragen die Dassel'schen Embleme vereint mit den Sonnenberg'schen. Vgl. Aegibius Müller: Anno II. der Heilige ꝛc. Dem Dassel'schen Geschlecht wird er zuerst zugeschrieben in der Chronica praesulum et archiepiscoporum Coloniensium (vgl. Magnum Chron. Belgicum bei Pistorius III, 115. Die Eckerz'sche Ausgabe in den Annalen des historischen Vereins für den Niederrhein, Köln 1857 II. konnte ich leider nicht benutzen). Wahrscheinlich bildete sich diese Ansicht erst, als das Dassel'sche Geschlecht in Reinald der Kölnischen Metropole einen berühmten Vertreter gegeben hatte. Die gleichzeitigen Quellen wissen nichts davon; im Gegentheil geht aus ihnen hervor, daß Anno verhältnißmäßig geringem Geschlechte entstammte. Nach Mooyer: krit. Beitr. z. Gesch. u. Genealogie der erloschenen Grafen von Dassel in Zeitschr. des Vereins für Gesch. und Alterthumskunde Westfalens Bd. 8. S. 87 läßt sich überhaupt obiges Geschlecht nicht vor 1097 nachweisen. Die V. A. a. a. O. sagt: Pater eius Walterus, mater Engela dicebatur .... illamque qua secundum seculum non adeo celebrabantur, claritatem — cum essent tamen ex ingenuis ingenui .... Lambert ad a. 1075 sagt ausdrücklich, er sei emporgestiegen: nulla commendatione majorum — erat quippe mediocri loco natus ... Der Triumphus sci Remacli (M. G. Scr. XI, 439) nennt ihn sogar einen homo novus. Seinen Neffen, den Bischof Burchard von Halberstadt, nennt Waltramus bei (Goldast. Apolog. pro Henrico IV. p. 148) de infimo loco exaltatum; ein anderer Neffe Conrad gehörte dem schwäbischen Geschlechte derer von Phullingen an, vgl. Vita Conradi archiep. Trevir. in M. G. Scr. VIII. Soviel erscheint demnach sicher, daß Anno einem niederen schwäbischen Adelsgeschlechte entsprang. Dagegen schreibt 1075 Graf Gerlach zu Wickenrode an Anno (bei Sudendorf Registrum II, 38): Etsi enim id morbi genus familiare sit ingenuo, in vobis tamen hoc illustrium natorum argumentum me minime juvat, cuius mihi nobilitas tam est cognitissima, quam incolumitas optatissima; doch ist darauf wohl kein zu großes Gewicht zu legen, da der Graf dem Erzbischof schmeichelt. Die Magdeburger Chronik a. a. O., freilich aus späterer Zeit, bezeichnet Anno's Bruder, den Erzbischof Wecilo, als dem Geschlechte derer von Steußlingen entsprossen, und diese Angabe mag wohl auf älteren Quellen beruhen. Das Necrolog von Kloster Grafschaft und ein Siegburger (vgl. Ennen: Gesch. der Stadt Köln I, 305.) nennen zahlreiche Glieder der Familie, die Anno nach Köln gefolgt zu sein scheint. Vgl. auch Mooyer: Anno II. der Heilige, Erzbischof von Köln, seine Geschlechtsverhältnisse und seine geistlichen Stiftungen in Ztschr. des Vereins f. Gesch. u. Alterthumsk. Westfalens. Bd. 7. S. 39 ff.

II.

Bekanntlich behauptet Gfrörer I, S. 6 ff. und von ihm beeinflußt auch Will: Die Anfänge der Restauration der Kirche II, 61, Anno habe gleich nach dem Tode Heinrich's III. die Reichsverweserschaft ausgeübt. Ersterer läßt sie ihm noch durch den Kaiser selbst übertragen, der andere durch Papst Victor. Aber für diese Behauptungen kann nicht der mindeste stichhaltige Beweis beigebracht werden. Die Zeugen, welche Gfrörer in's Feld führt, sind sehr zweifelhafter Natur, da sie sämmtlich nicht gleichzeitig sind. Aus den Worten, die Benzo (Scr. XI, 633) dem Erzbischof in den Mund legt: „Kaiser Heinrich hat mich zum zweiten Herrn des Reiches gemacht", läßt sich nichts bestimmtes folgern; die Rede ist außerdem nie gehalten worden; Benzo selbst schrieb erst 1086 (vgl. meinen Aufsatz über Benzo's Panegyricus auf Heinrich IV. ꝛc. in den Forschungen zur deutschen Geschichte VI, 500 f.), Hugo von Flavigny (geb. 1064, schrieb nach 1090), die Gesta Trevirorum und die überhaupt ganz unzuverlässige Vita Ann. sind viel zu späte Quellen; sie alle haben offenbar Anno's Stellung, wie sie vom Jahre 1062 an war, im Auge; ganz natürlich ist da die irrthümliche Angabe des Sachverhaltes. Will sucht einen Beweis in der natürlichen Lage der Dinge zu finden: „da der Papst, wenn er bei seiner Reise nach Italien keinen Verweser des Reichs an seiner Statt bestellt, sich einer unverzeihlichen Nachlässigkeit würde schuldig gemacht haben." Aber Agnes war eben die Reichsverweserin, wozu da noch einen zweiten Reichsverweser? Hatte doch auch Theophano allein die vormundschaftliche Regierung für ihren Sohn geführt. Und wenn auch Victor in Italien weilte, so konnte er auch von dort aus für das Reich Sorge tragen. Daß gerade in Köln nachher die Angelegenheiten des Reiches im Westen geregelt wurden, worauf Will Gewicht legt, erklärt sich aus der Lage des Ortes. Kurzum, wir haben außer den oben angeführten späten Notizen nicht eine einzige Quelle, die Anno's damalige Reichsverweserschaft erwähnt, die andern beweisen das Gegentheil, vgl. Giesebrecht II, 659 f. Lamb. ad a. 1056. Adam. Brem. III. c. 33. Berth. ad a. 1056. Damiani epp. VII, 4 etc. Auch aus den Urkunden geht hervor, daß der Erzbischof an der Leitung des Reiches keinen officiellen Antheil hatte. Freilich wissen sich Gfrörer und Will zu helfen; sie lassen Anno gleich nach dem Kölner Tage gestürzt und durch Heinrich von Augsburg und den Kanzler Wibert verdrängt werden. Aber wir werden sehen, daß Anno der Kaiserin die folgenden Jahre hindurch nahe stand; Heinrich erlangte erst 1058 Agnes' Gunst; ebenso läßt sich Wibert als Kanzler für Italien erst vom Juni 1058 an nachweisen, und seine Erhebung verdankte er, wie wir S. 19 sahen, wahrscheinlich dem Herzoge Gottfried, dem Freunde Anno's.

III.

Jocundus (Translatio sci Servatii Scr. XII, 113 u. 114.) berichtet von zwei Zusammenkünften obiger Fürsten in Andernach. Daß beide stattgefunden, ist vollkommen glaublich, wenn auch die Zeitbestimmung nicht ganz sicher ist. Jocundus läßt zwischen beiden drei Jahre verstreichen, und damit stimmen auch die übrigen Verhältnisse so ziemlich. Da Gottfried im Februar 1057 (s. Beilage XII) über die Alpen ging und wohl auch Weihnachten 1056 in Regensburg war, so muß die erste Zusammenkunft vor December 1056 fallen. Gottfried weilte dann bis Ende Mai 1060 in Italien (s. Beil. XII); die zweite Zusammenkunft muß also Sommer oder Herbst 1060 stattgefunden haben. Giesebrecht III, 1056 setzt die zweite Zusammenkunft 1059, ba des Pfalzgrafen Heinrich Wahnsinn damals begonnen habe. Aber 1059 war Gottfried ununterbrochen in Italien und Heinrich wurde erst 1060 oder 1061 geisteskrank. Darüber siehe Beilage VII.

Ueber die Kölner Abmachungen läßt sich nur durch das Zusammenfassen mehrerer Stellen Licht verbreiten. Den Tag ungefähr geben die Urkunden bei Stumpf 2528 und 2529; dann vgl. Sigibert ad a. 1057. Ann. Egmund. ad a. 1057. Ann. Blandin. ad a. 1057. Ann. Alt. ad a. 1057, dazu Bonitho (Mon. Greg. ed. Jaffé p. 637). In den Urkunden nennt sich Gottfried selbst in der Folge immer dux et marchio. Die Nachfolge in Niederlothringen mag ihm wohl schon damals zugesichert worden sein, da es nach Friedrich's Tode ohne weiteres an ihn überging. Daß Victor Camerino und Spoleto nur als persönliches Lehen von Heinrich III. gehabt und dieselben als Herzog und Markgraf in des Kaisers Namen verwaltete, ist ganz offenbar. Er wird in Urkunden dux et marchio genannt; in der besonders lehrreichen Urk. bei Palma Storia di Teramo I p. 121 vom Juli 1056 heißt es: et [Victor] fecit mittere bannum de parte regis Enrici, und später: sciat se compositurus ad partem camerae regiae libras L. Daß Victor die Herzogthümer bis an sein Lebensende verwaltet, folgt aus der Urk. vom 7. Juli 1057 bei Palma p. 123, laut welcher Victor's Missus, Graf Gerhard, Gericht hält. Vgl. Gregorovius Gesch. der Stadt Rom im Mittelalter IV, 95.

IV.

Das Wahldecret des Nicolaus bildet einen der schwierigsten Punkte in der Geschichte dieser Zeit. Wenige Jahre, nachdem es erlassen worden war, gerieth es schon in Vergessenheit, so daß es Alexander auf dem Mantuaner Concil völlig ignoriren konnte; fast zwanzig Jahre später wurde es wieder aus dem Dunkel hervorgezogen, um in dem großen Kampfe zwischen Heinrich und Gregor als Waffe zu dienen, und dabei von beiden Parteien gefälscht, so daß der ursprüngliche Text völlig verloren ging. In neuester Zeit ist unter den Gelehrten die Frage über dasselbe von neuem aufs lebhafteste erörtert worden; das letzte Wort hat bis jetzt Giesebrecht in seinem Aufsatze: die Gesetzgebung der römischen Kirche zur Zeit Gregor's VII. im Münchener historischen Jahrbuch für 1866 gesprochen. Er weist darin nach, daß die ursprüngliche Fassung nicht mehr vorhanden sei und versucht dieselbe wieder herzustellen, wie mir scheint, zu einem richtigen Resultate gelangend. Erkennt man seine Restitution an, so ist damit zugleich die Frage entschieden, in welcher Absicht das Decret erlassen wurde, welchen Sinn es hatte. Der Zweck war, wie Giesebrecht treffend ausführt, zunächst der, die unter ungewöhnlichen Umständen erfolgte Wahl des Nicolaus zu rechtfertigen; dann aber sollte dies Statut dem römischen Adel für die Zukunft unmöglich machen, wieder seine gewaltthätige Hand in die Besetzung des apostolischen Stuhls zu mengen. Dem mochte der deutsche Hof gern zustimmen. Aber daß man nicht daran dachte oder denken konnte, Heinrich's Einfluß auf die Papstwahl zu vernichten oder auch nur zu beschränken, scheint mir völlig klar. Die gesammten Zeitumstände verboten das; hatte doch Nicolaus nur mit des Königs Hilfe den päpstlichen Sitz erlangt, und — das ist ein zwingender Grund — würde man dann in einem solchen Falle mit dem Könige in Unterhandlungen getreten sein, würde dieser seinen Kanzler an einem Beschlusse haben theilnehmen lassen, der gegen ihn gerichtet war? Das ist ganz unbenkbar und die kirchliche Partei selbst hat oft genug anerkannt, daß das Decret dem Könige seinen vollen Einfluß sicherte, vgl. Giesebrecht a. a. O. 173. Aber anstößig darf die bekannte Stelle: salvo debito honore et reverentia dilectissimi filii nostri Henrici, qui in praesentiarum rex habetur et futurus imperator Deo concedente speratur, sicut jam sibi mediante eius nuncio Langobardiae cancellario Wiberto concessimus, et successorum illius, qui ab hac apostolica sede personaliter hoc ius impetraverint, bei der Interpretation, die man ihr bisher zu Theil werden ließ, doch erscheinen; ich glaube, daß man sie nicht richtig aufgefaßt hat. Es ist bekannt, daß wie Otto dem Großen, so auch Heinrich III. vom römischen Volke mit Zustimmung der Päpste ausdrücklich das Recht der Papstwahl übertragen wurde. Aber ihnen wurde es nur eingeräumt als römischen Kaisern, nur als solche übten sie es aus. Die Verleihung der Kaiserkrone hinwieder — das war allgemein anerkannt — lag in der Hand des Nachfolgers Petri; mit der Kaiserkrone erhielt dann der deutsche Herrscher die Berechtigung, auf die Ernennung der Päpste bestimmend einzuwirken. 1059 war Heinrich IV. noch nicht Kaiser, aber er wurde „als zukünftiger erhofft, wie wir ihm bereits auf Vermittlung Wibert's zugestanden haben." Man sieht, daß ich diese Concession auf die Kaiserkrönung beziehe; durch diese erlangte Heinrich das fragliche Recht von selbst. Aber, ich wiederhole, die Kaiserkrone ihm zu ertheilen, lag in des Papstes Hand. Das Diplom fährt fort: „und seiner Nachfolger, die dieses Recht vom apostolischen Stuhle persönlich erlangt haben", d. h. die vom Papste zum Kaiser gekrönt worden sind. Nur so, scheint mir, erklärt sich das personaliter ohne Zwang; die Kaiserkrone war, wenn auch factisch, doch nicht der Idee nach unzertrennlich mit dem deutschen Königsthume verknüpft; die Herrscher konnten sie nur persönlich erlangen. So haben die Worte des Decretes nichts auffallendes, wenn sich auch nicht bestreiten läßt, daß sie mit einer gewissen Zweideutigkeit gewählt sind. Heinrich' IV. wurden demnach, obgleich er noch nicht Kaiser war, doch vom Papste bereits die Rechte eines solchen zugestanden; er erhielt also gerade eine Begünstigung, keine Beeinträchtigung. Trefflich stimmen zu unserer Auffassung die Worte des defensor in der disceptatio synodalis (bei Watterich vitae Pont. Rom. I, 247): Huc accedit, quod praestantius est, quia Nicolaus papa hoc domino meo regi privilegium [in electione semper ordinandi pontificis principatum], quod ex paterno jam iure successerat, praebuit et per synodalis insuper decreti paginam confirmavit. Da Heinrich IV. als Erbe seines Vaters Anspruch auf die Kaiserkrone hatte, so hatte er solchen auch auf den principatus pontificis ordinandi, den ihm der Papst bereits als König gewährte.

Gfrörer a. a. O. I, 633 und neuerdings Sugenheim: Geschichte des deutschen Volkes II, 200 behaupten, Nicolaus habe das Wahldecret, wenigstens die darin enthaltene Stelle über Heinrich's Befugniß, zurückgenommen. Das ist sicher unrichtig; gerade aus der disc. synod. geht hervor, daß sie noch zu Recht bestand; der defensor ecclesiae sucht eben ihre Nichtbeachtung durch das Auftreten des deutschen Hofes zu entschuldigen und darzuthun, daß dieser es sich selbst zuzuschreiben habe, wenn man ihr nicht nachgekommen. Noch deutlicher und bestimmter ergiebt sich das aus Deusdedit (M. G. Scr. XII, 8, wo er unter der falschen Bezeichnung Anselmus steht). Hätte Nicolaus seine Wahlordnung wirklich zurückgenommen, so wären alle (späteren Interpretationsversuche ganz unnütze gewesen. Will a. a. O. S. 210—216 sucht darzuthun, daß wenn auch das Decret nicht widerrufen, doch mit ihm eine Abänderung, Abschwächung in Betreff des königlichen Wahlrechts vorgenommen worden sei. Aber die Stellen, aus denen er schließt, sind theils nur spätere Interpretationen, die mit Absicht den Sinn des Decretes schwächen, theils die schon besprochenen aus der disc. Das Decretum contra simoniacos, welches Will wohl mit Recht der 1061er Synode zuweist, ist nicht beweisend; es giebt nur einen kurzen Auszug wie ihn in gleicher Weise die Synodalausschreiben von 1059 barbieten. Dasselbe gilt von dem Eidschwure Robert's, welcher mir außerdem zu bestätigen scheint, daß das Decret nur gegen den römischen Adel gerichtet war.

V.

Damiani a. a. O. I, 248. Deusdedit a. a. O. Benzo p. 672. Donizo vita Mathild. v. 1171: Nicolaum papam contempsit mens sua prava [scil. Henrici IV.] — Wie überhaupt der ganze Sachverhalt im unklaren liegt, so ist es auch mit der Zeit der Fall. Indessen läßt sich mit ziemlicher Sicherheit nachweisen, daß die Synode in oder nach dem Sommer 1060 zusammengetreten sein muß. Lambert berichtet freilich schon zu Weihnachten 1059, daß eine Synode nach Worms angesagt worden sei, die indessen nicht zu Stande kam, da Fürsten und Bischöfe die dort wüthende Pest fürchteten. Daß damals wirklich eine bösartige Krankheit grassirte, ersehen wir aus den Augsburger Jahrbüchern 1060. Selbst der König ging nicht nach Worms, sondern feierte Weihnachten in Freising. (Ann. Alt. Lambert giebt fälschlich Worms an; der König war am 1. December in Weißenburg an der Rezat, am 6. Jan. in Oettingen (Ann. Alt. und Marian. ad a. 1060). Doch hätte auf dieser Synode, selbst wenn sie zusammengekommen wäre, die römische Angelegenheit noch nicht zur Sprache kommen können, wie Giesebrecht III, 64 meint. Noch im Januar 1060 finden wir Anselm von Lucca als päpstlichen Legaten am königlichen Hofe, der Consecration Siegfried's von Mainz beiwohnend (Marian. a. a. O.); bald darauf wandte sich die Kaiserin an den Papst mit der Bitte um das Pallium für den neugewählten (Damiani epp. VII, 4.); der Kanzler Wibert endlich wohnte noch der Ostersynode 1060 bei (Zaccaria della badia di Leno 104.). Bis dahin also kann der Bruch noch nicht erfolgt sein. Auch kam Herzog Gottfried nicht vor Juli nach Deutschland. Möglich ist, daß die Synode im August 1060 in Worms abgehalten wurde, da wir damals Anno bei Hofe finden. Nach Giesebrecht Annales Altahenses, 154 wäre der Cardinal Stephan nach seiner Reise durch Frankreich (Januar — März 1060) an den Hof gekommen. Dies ist nach oben gesagtem nicht glaublich. Außerdem brachte er, wie Damiani sagt, Synodal= beschlüsse mit. Vielleicht waren sie auf der Synode vom Anfang 1061 (Jaffé R. P. p. 388) gefaßt; er muß dann erst kurz vor Nicolaus' Tode nach Italien zurückgekehrt sein. Darin würde Benzo's Erzählung, Nicolaus' sei vor Schmerz das Herz gebrochen, einigen Anhalt finden.

VI.

Der Sachverhalt ergiebt sich aus den Briefen bei Sudendorf Registrum II p. 5. 7. 11. 13. — Dies alles kann nur dem Jahre 1061 angehören, und die Aussöhnung Günther's mit Agnes muß vor Mai 1062 erfolgt sein. Nachher war die Kaiserin bis Januar 1064 nicht mehr bei Hofe. (Die Urkunde vom 26. Nov. 1062 Regensburg (Stumpf 2614) beweist ihre Anwesenheit nicht, da nur eine frühere Schenkung derselben bestätigt wird; auch ist Günther nicht mit genannt). Eine Verläumdung, wie oben gedacht, war außerdem bei Agnes' damaligem Treiben (vgl. ihren Brief an den Abt von Fructuaria bei Giesebrecht III, 1189) nicht mehr denkbar. Endlich konnte damals Günthern an einer Aussöhnung mit ihr nichts mehr liegen, da sie gänzlich machtlos und ohnmächtig war hatte er doch selbst schon im Juli 1062 (Stumpf 2608 u. 2609) durch Anno's Vermittelung reiche Schenkungen vom Könige erhalten. Schließlich scheint mir der Brief Günther's an Heinrich von Augsburg (Sudendorf a. a. O. p. 12) hierher zu gehören. Giesebrecht III, 1057 setzt ihn in 1059; aber gerade seine Stellung in der Handschrift weist ihn zu Ende 1061. Als sich Günther mit Agnes versöhnte, that er es natürlich auch mit ihren Günstlinge, der wohl das Feuer gegen ihn geschürt haben mochte; Heinrich aber fiel zugleich mit seiner Gebieterin im Mai 1062. Bernold stellt den Streit zwischen dem Bischofe und der Kaiserin zu 1062; dies kann aber nach obigem nicht in Betracht kommen; auch finden sich bei ihm dergleichen Ungenauigkeiten nicht gerade selten. — Daraus folgt zugleich, daß der Brief im Codex Udalrici bei

Eccard II, 212, jetzt besser bei Giesebrecht III, 1189, der uns Günthern als noch in Zwietracht mit der Kaiserin befindlich vorführt. Ende 1061 gehört, wie ihn Floto I, 195 einreiht, vgl. S. 28.

VII.

Die Berichte über Pfalzgraf Heinrich und sein Ende sind ziemlich verworren. Daß die von Siegburg aus verübten Räubereien den Anlaß zum Kampfe boten, geht aus der Vita Ann. p. 475 und Anno's Stiftungsurkunde für das später dort gebaute Kloster hervor. (Köpke's Vermuthung (V. A. p. 475.), der Streit sei wegen des Dorfes Clotten entbrannt, ist unstatthaft, da Anno sich desselben erst 1063 bemächtigte.) Die Weißenburger Annalen erzählen zu 1058 Heinrich's Eintritt in Görz und den Mord; zu 1059 den abermaligen Eintritt in ein Kloster. Berthold läßt ihn 1060 nach Epternach gehen, dann erst den Mord verüben. Nach der V. Ann. p. 479 betrat der Pfalzgraf erst nach der Abtretung Siegburg's Görz, verließ es jedoch bald, um den Kampf wieder zu beginnen. Da ergriff ihn in Folge des Gebetes Anno's der Wahnsinn, man brachte ihn nach Epternach. Nach Lambert betrat Heinrich 1057 Görz, den Mord verübte er 1061. — Da Heinrich noch im Sommer 1060 in Beziehungen zu Anno stand, kann der Krieg erst nachher begonnen haben, was zu Berthold's und Lambert's Angaben stimmt. Es scheint demnach, daß Heinrich schon früher nach Görz gegangen war, daß zwischen seinem Rücktritte aus demselben und seiner Fehde mit Anno einige Jahre vergingen. Nach den Weißenburger Annalen und Lambert war er bereits wahnsinnig, als er das Mönchskleid in Görz nahm; doch ist dies wohl im Sinne der Chronisten zu verstehen, die den sofortigen Rücktritt als Werk des Dämons erkannten. — Seiner sonstigen Anschauungsweise getreu meint Gfrörer die Seele der Heinrich'schen Befehdungen in der Kaiserin erblicken zu müssen (I, 15 und öfters). Wir haben gesehen, in wie unausgesetztem Ansehen der Erzbischof bei Agnes stand, auf den sie sich in den wichtigsten Angelegenheiten stützte; wie soll sie gegen ihn Aufruhr gestiftet haben, der ohnehin alles daran gelegen war, im Reiche den Frieden aufrecht zu erhalten.

VIII.

Einigen Ersatz für die Dürftigkeit der Quellen in den ersten Jahren Heinrich's bieten uns die Urkunden, die in ziemlich großer Anzahl vorhanden sind. Aus ihnen hauptsächlich kann man ersehen, wie es mit der Regierung des Reiches nach der Entführung bestellt, wie wechselnd dann der Einfluß der Erzbischöfe, Bischöfe und Fürsten war. Ich gebe im folgenden die Interventionen und die Personen oder Bisthümer u. s. w., für welche die Diplome ausgestellt wurden, vom Mai 1062 bis zur Wehrhaftmachung Heinrich's. Die Diplome sind verzeichnet bei Stumpf 2607—2658.

1062. Mai —. Köln. für Herzog Otto v. Sachsen. Int. Anno, Adalbert.
Juli 13. Hersfeld. für Günther v. Bamberg. Int. Siegfried, Anno.
Juli 19. Mainz. für Günther v. Bamberg. Int. Siegfried, Anno, Gebhard v. Salzburg, Adalbert, Ellenhard v. Freising, Adalbero v. Würzburg, Burchard v. Halberst., Otto v. Baiern, Graf Ecbert.
Aug. 23. Neuß. für Salzburg. Ohne Int.
Sept. 21. Kesselwald für Mastricht. Int. Anno, Diedewin v. Lüttich, Herzöge Friedrich u. Gottfried 2c.

Beilagen.   105

1062.	Oct. 24.	Augsburg.	für Freising.	Int. Anno.
	Oct. 29.	„	für Kempten.	Int. Siegfr., Anno.
	Nov. 26.	Regensburg.	für Worms.	ob petitionem Agnetis et ob interv. Annonis.
	Dec. 11. u. 12.	„	für Anzo u. Salzburg.	Int. Anno, Adalb., Otto v. Baiern.
	Dec. 16.	„	für Aquileja.	Ohne Int.
1063.	Jan. 29.	Worms.	für Otmarsheim.	Ohne Int.
	Jan. 31.	„	für Speier.	Ohne Int.
	Juni 14.	Goslar.	für Siegfried.	Ohne Int.
	Juni 24.	Allstädt.	für Ravenna.	Int. Anno.
	Juni 27.	„	für Adalbert.	Int. Anno magister [Adalb. patronus], Siegfr., Burch., Otto v. Thür.
	Juli 14.	Goslar.	für Anno.	Int. Adalbert, Engelhard v. Magdeburg, Burch.
	Juli 17.	„	für Minden.	Int. Anno, Adalb., Engelh., Burch.
	Juli 25.	Queblinburg.	für Queblinburg.	Ohne Int.
	Juli 30.	Goslar.	für Magdeburg.	Int. Anno, Adalb., Burch.
	Aug. 7.	„	für Halberstadt.	Int. Anno mag., Adalb.
	Aug. 20. u. 30.	Erlangen.	für „	Int. Anno, Adalb.
	Sept. 27.	an der Fischa.	für Brixen.	Ohne Int.
	Oct. 24.	Regensburg.	für Adalbert.	Int. Anno mag. [Adalb. patr.] Siegfr., Burch., Günther v. Bamberg, Adalbero v. Würzburg, Herzöge Otto u. Berthold, Otto v. Thüringen, Pfalzgraf Friedrich, Graf Ecbert.
	Oct. 25.	„	für Passau.	Int. Anno mag.
	Oct. 26.	„	für Adalbert.	Ohne Int.
	Dec. 30.	Bonn.	für Goslar.	Ohne Int.
1064.	Jan. 13.	Tribur.	für Meißen.	Ohne Int.
	Jan. 15.	„	für Burtscheidt.	Schenkung der Agnes.
	Jan. 17.	„	für Adalbert.	Int. Siegfr., Anno.
	„ „	„	für Siegfried.	Int. Agnes, Siegfr., Anno, Adalbert.
	Febr. 4.	Augsburg.	für Regensburg.	Ohne Int.
	Febr. 8.	„		Ohne Int.
	Febr. 24.	Basel.	für Maria Einsiedeln.	Int. Anno mag.
	Apr. 30.	Kaiserswerth.	für Utrecht.	Int. Anno, Eberhard v. Trier, Adalb., Burch., Friedrich v. Münster, die Herzöge Gottfried, Friedrich, Gerhard.
	Mai 2.	„	für Utrecht.	Dieselben u. Siegfried.
	Juli 11.	Allstädt.	für Gernrode.	Agnes, Anno mag.
	Juli 19.	Goslar.	für Naumburg.	Agnes, Anno.
	„ „	„	für Goslar.	Ohne Int.
	Oct. 2.	Halle.	für Hildesheim.	Agnes, Anno, Adalbert.
	Oct. 26.	Magdeburg.	für Mainz.	Ohne Int.
			für Conrad u. Vigevano.	Ohne Int.
	Nov. 18.	Queblinburg.	für Magdeburg.	Agnes donavit.
	Dec. 5.	Goslar.	für Pfalzgraf Friedrich	Ohne Int.

Das Jahr 1062 hindurch lehrt demnach Anno in allen Urkunden wieder; namentlich gegen Ende des Jahres scheint sein Einfluß sich mehr und mehr befestigt zu haben. Siegfried verdankte es wohl hauptsächlich seiner Stellung als Primas der deutschen Kirche, daß er anfänglich öfters obenan genannt wurde; einen dauernden Einfluß hat er nicht behauptet. Ebenso wenig konnte fürs erste Adalbert erfolgreich mit dem Kölner wetteifern; nur Herzog Otto von Baiern scheint Anno sehr nahe gestanden zu haben. Anders stellt sich die Sache von Juni 1063 an. Die chronologischen Daten der Urkunden selbst sind sehr verworren, gerade die entscheidende vom 27. Juni, dann die wichtige vom 24. October sind in den Originalen selbst mit 1062 bezeichnet; noch Böhmer ordnete sie so ein. Aber die Indiction ist die für 1063; ein Blick auf die andern Urkunden zeigt ferner, daß erst vom Juni 1063 an die Bezeichnungen magister und patronus vorkommen, Adalbert erst von da an in den Vordergrund tritt. Die Nachrichten der Chronisten über die Veränderung des Reichsregimentes sind sehr dürftig, indeß ersehen wir doch aus ihnen, daß sie erst 1063 vor sich ging. Am bestimmtesten bezeichnet sie der Tri. sci. Rem. p. 439: „Quam invidiam sibi conflari intelligens ac non ignavo astu honori famaeque suae juxta consulens [Anno] egit strenue, ut sub honestae rei occasione administratio illa tuitioque regis transferretur ad alterum, Pregmensis videlicet ecclesiae archiepiscopum." Nach seiner Angabe geschah dies einige Zeit nach des Königs Entführung. Lambert erwähnt zu 1063, daß zunächst der Kölner und der Mainzer Bischof die Leitung des Königs unter sich hatten, dann aber Adalbert seiner edlen Herkunft, seines Alters und hervorragenden Stellung wegen hinzuzogen. Zugleich ersehen wir bei Gelegenheit seiner Erzählung des Streites, den der Fuldaer Abt mit seinen Mönchen hatte, daß dies erst nach Pfingsten 1063 geschah. Adam von Bremen III. c. 33 berichtet unbestimmt: Tandem seditionibus ac pacem inclinatis Adalbertus et Anno archiepiscopi consules declarati sunt et in eorum consilio deinceps summa rerum pendebat. Die Angabe des Codex Laureshamens., erst während Anno in Mantua weilte, sei es Adalbert gelungen, Theil an der Erziehung des Königs zu erlangen, ist ungenau. Beide erscheinen dann gleichmäßig in den Urkunden bis Juli 1064; besonders tritt neben ihnen nur Anno's Neffe Burchard von Halberstadt hervor; man darf daraus wohl folgern, daß es bis dahin Adalbert noch nicht gelungen war, seinen Rivalen zurückzudrängen. Dann verschwinden beide, während Agnes öfters genannt wurde; offenbar standen beide Erzbischöfe sich feindlich gegenüber, ohne daß einer prävalirt hätte.

IX.

Leider lassen uns hier die Urkunden, von denen im Vergleich zu den früheren Jahren überhaupt wenige vorhanden sind, fast völlig im Stich; nur in einer oft angeführten vom Jahre 1069 (St. 2728) finden wir die merkwürdige Stelle: submonentibus et consilium dantibus fidelibus nostris, Bertha thori reginique consorte, tum Herimanno Bambergensi episcopo, eo tempore in curia communi principum nostrorum negotia omnia administrante. Aber es scheint doch zu weitgehend, wenn man darauf hin dem Bischofe eine Stellung zuschreiben will, die wenn ich einen modernen Ausdruck gebrauchen darf, der eines exequirenden Ministers gleichkäme. Wahrscheinlich soll damit nur eine Stellung in der Verwaltung des königlichen Hofes bezeichnet werden, wie auch der Triumph des heil. Remaclus denselben Bischof im Jahre 1071 (p. 453) als provisor regiae domus tunc temporis bezeichnet. 1069 hatte sich Heinrich bereits eine ziemlich selbständige Stellung errungen. Eine regelmäßige Wiederkehr der Bischöfe in den Urkunden, wie Giesebrecht III, 1069 meint, vermag ich nicht zu finden, mit Ausnahme Eppo's von Naumburg, der 1067 fast in allen Urkunden als Intervenient auftritt. Aber gerade bei diesem ist es am wenigsten auffallend, auch in späteren Urkunden wird er sehr oft genannt und beschenkt, und

Beilagen. 107

wir wissen, daß er dem Könige stets theuer und werth war. Deswegen ist nicht anzunehmen, daß er von den übrigen Herren so große Begünstigung erfahren, ein ganzes Jahr ununterbrochen die Geschäfte leiten zu dürfen; es war wohl nur persönliche Gunst des Königs, der an Eppo den Rückhalt suchte, welchen er eben an Adalbert verloren. Daß die Erzbischöfe sehr zurücktreten, läßt sich auch nicht behaupten, Siegfried namentlich und Anno erscheinen nicht selten in den Urkunden. Dagegen werden die weltlichen Herren viel öfter als früher genannt: die Herzöge Berthold, Rudolf, Otto von Baiern, Otto von Sachsen, der Pfalzgraf Friedrich, die Markgrafen Ecbert und Dedo x. Es scheint demnach, daß die Fürsten sich begnügten, die wichtigsten Angelegenheiten des Reiches bei ihren Versammlungen zur Sprache zu bringen, daß möglicherweise die Leitung der Geschäfte öfters einem Bischofe oblag, dessen Wahl aber in dem Belieben des Königs stand, keineswegs in einem regelmäßigen Turnus erfolgte. Mehr läßt sich mit Sicherheit nicht nachweisen, und ähnliches war ja schon unter früheren Kaisern vorgekommen.

X.

Berthold sagt ad a. 1073: Saxones dedignanter falsam denuo satisfactionem in natali domini se facturos iuxta quorundam episcoporum et ducum praedictorum consilium promiserant. Giesebrecht S. 1091 meint in dieser Stelle eine Bestätigung seiner Ansicht zu finden, daß eine geheime Abkunft existirt habe; wie ich glaube, mit Unrecht. Berthold sagt vorher, die Sachsen hätten versprochen satisfactionem regi, si iustitias maiorum suorum illis concederet. Dann kam die Unterhandlung und nach vielen Klagen der Sachsen wurde nichts beschlossen, nisi quod Saxones dedignanter etc. Man sieht, sie erreichten eben nichts zu ihren Gunsten, deshalb waren sie dedignantes, aber es blieb ihnen nichts übrig, als satisfactio zu geben. Die war aber falsa, da sie es nicht ehrlich mit ihr meinten und im Herzen an die Fortsetzung des Krieges dachten. Gerade das dedignanter scheint mir zum Verständniß wichtig, welches G. übersehen hat. In ganz ähnlicher Weise sagt Berthold ad a. 1074: Sic . . . . reconciliatus est rex Saxonibus *simulatorie* . . . . Vgl. auch Floto I, S. 393 ff.

Auch das Carmen de bello Saxonico spricht zunächst mit klaren Worten als Resultat der Unterredung aus, der König solle den Sachsen ihr Recht zu Theil werden lassen, wogegen diese sich unterwerfen sollten; wollte der König es aber nicht thun, so würden die Fürsten den Sachsen nicht hinderlich im Wege stehen:

Astringuntque fidem, se regem commonituros,
His ut ius patrium reddat, commissa remittat,
Si nollet, se iusta petentibus haud nocituros.

Dann spricht er freilich in dunkler Weise von verrätherischen Gedanken der unterhandelnden Fürsten:

Sed quibus inducti primates artibus illi
Genti consensum tunc praebuerint scelerosum,
Hoc alias patefit, mihi vita salusque supersit.

Aber ich erinnere, daß der Anonymus nach dem oben gesagten mit Lambert eine Person ist.

Nicht anders steht es mit Lambert's Bericht über den beabsichtigten Tag zu Mainz, der uns allein von den Vorgängen in Mainz und Oppenheim Kunde giebt. Giesebrecht folgt ihm unbedingt, Floto dagegen verwirft ihn und gelangt mit seiner Kritik zu einem ähnlichen Resultate, wie der Verfasser dieses.

Lambert p. 204 erzählt nämlich, der Mainzer Tag habe den Zweck gehabt, Rudolf's Wahl zu bewirken. Aber die Furcht vor dem sich nähernden Könige habe die meisten Fürsten vom Erscheinen abgehalten, so daß kein Resultat erzielt wurde. Aber ist es nicht ganz unwahrscheinlich, daß wenn man wirklich damals so fest die Absicht hatte, den König abzusetzen, man sich durch seine Annäherung davon abhalten ließ, um so mehr, da er ganz ohne Heer war? Wenn die Fürsten ein derartiges Wagniß im Sinne hatten, wie konnte sie da die Persönlichkeit Heinrich's zurückschrecken, welcher sie so wie so, er mochte sein, wo er wollte, Troß bieten mußten? Es ist geradezu lächerlich, daß Leute, die jemanden absetzen wollen, sich zu kommen weigern oder davon laufen, wenn der Betreffende sich nähert. Zudem war nach Lambert der Zweck der Oppenheimer Versammlung, die Neuwahl, allgemein bekannt, wie auch der König darum wußte; da ist es denn doch sehr auffallend, daß andere Chronisten, die hier schon recht ausführlich werden, absolut nichts davon wissen. Der Hersfelder Mönch stellt Siegfried als den Urheber des Absetzungsprojectes hin, aber wir wissen, daß er am wenigsten der Mann war, bei solch' kühnem Werke voranzugehen. Wie kommt es ferner, daß dieselben Männer, die gekommen waren, um Heinrich zu entsetzen, sich ihm alsbald so willfährig zeigen? — Ich glaube überhaupt, daß man damals sicher noch nicht an die Entfernung Heinrich's vom Throne dachte; um die deutschen Fürsten zu einer in der Reichsgeschichte so lange beispiellosen That zu bewegen, mußte später erst Rom den Vorgang bilden. — Die gesammte Darstellung Lambert's ist eben nichts anderes, als eine anticipirte Motivirung der Wahl Rudolf's; keine Stelle kann dies prägnanter bezeichnen, als seine Worte zum Jahre 1074: ad ultimum hoc pacto recuperandae paci consenserunt, ut si quando rex acceptae laesionis memor sententiam revocare aut aliquid eorum, quae modo suprema necessitate compulsus statuisset, in irritum ducere conaretur, omnes eodem quo nunc sacramento obstricti arma repeterent, iniuriae obviam irent et tanquam evidentis periurii reum cunctis regni principibus suffragium ferentibus, de regno proturbarent.

XI.

Die folgende Urkunde fand ich in der obenerwähnten Handschrift der Pariser Bibliothek, welche Hartzheim's Collectaneen zu einer Biographie Anno's enthält. Sie ist meines Wissens unbekannt und im Original wahrscheinlich verloren; die Handschrift bemerkt über sie: Exstat in copia authentisata per R. D. Conradum Bruichhaussen Protonotarium apostolicum Perill. Collegiatae Divi Petri in Villica [Vilich] et Pastorem. Die Urkunde gehört in die Zeit vom October 1074 bis December 1075, dem Todestage Anno's. Am 3. October 1074 war nämlich nach Franco praefectus urbis (Lacomblet I, 218), während hier bereits Arnold auftritt, der auch in andern Kölnischen Urkunden von 1082—1083 als urbanus comes genannt wird (Lac. I, 232, 234.) Die erwähnte Gertrud, des Ritters Adalbert Gemahlin ist wohl dieselbe, die 1073, wie es scheint noch unvermählt, vorkommt (Lac. I, 225, der sie ohne Grund zur Wittwe macht). Auf vorliegende Urkunde bezieht sich der Passus in Erzbischof Hildolf's Diplom von 1076, worin er die Stiftung Siegburg's in ihrem vollen Umfange bestätigt (Lac. I, 228): Venheim et omnis proprietas Adalberti cuiusdam ingenui militis sui et uxoris eius Gertrudis cum beneficio militari. Sed et beneficium, quod pro eadem proprietate precario iure accepit in loco qui dicitur Creschich. Dieselben Namen der Zeugen kommen mehrfach in andern Bisthumsurkunden vor und konnte ich danach einige entstellte berichtigen.

In nomine sancte et individue trinitatis. Anno secundus divina donante clementia sancte Coloniensis ecclesie archiepiscopus. Notum esse volumus cunctis Christi nostrique fidelibus tam videlicet futuris quam presentibus, qualiter vir quidam ingenuus miles noster Adalbertus nomine precaria nobiscum faciens Venheim et quicquid proprietatis habuit curtem unam dominicalem cum universis appendiciis eius terris cultis et incultis silvis et vinctis pratis pascuis aquis aquarumve decursibus molendinis cum universa familia Beato Petro apostolo Colonie et Sancto Michaheli in

Monte[1]) una cum uxore sua Gertrude tradiderunt atque transfuderunt traditione legitima possidendum in perpetuum. Mancipia vero que in suo dominicali habuerunt servitio, sub censu duorum denariorum supradictis sanctis tradiderunt. Reliqua sicut prius erant sub lege [2]). Preterea quoque predium quod habuerunt [3]) tradiderunt Sancto Petro Colonie et S. Michaheli in Monte[4]) atque ad presens cum omni usu atque abusu in nostra reliquerunt potestate. Preter hanc causam ipsi et uxori sue curtem unam Creschich nomine et duos mansos in Paderna cum universis utilitatibus ad curtem illam pertinentibus usque in finem vite amborum prestitimus excepto loco qui appellatur Buovenvorst. Quod si quis eis infregerit aut minuerit, ipsi liberam habeant potestatem ea que sue proprietatis erant recipere, nisi quod erratum fuerit secundum bonum et equum apud eos componatur. Actum est hoc coram testibus subter notatis: Luizone[5]) praeposito. Hezelino[6]) custode. Bertolfo[7]) capellano. Herimanno comite. Adalgero de Zulpecho. Arnoldo comite. Mefritho. Christiano. Gerhardo comite. Arnoldo urbis prefecto. Puppone. Hoc inconvulsum permaneat et ut verius credatur, sigilli nostri impressione signari jussimus.

1) Kloster Siegburg.
2) Lüde in der Handschrift.
3) Lüde in der Handschrift.
4) Kloster Siegburg.
5) Curzone Obschr. vgl. Lac. I, 108. 225.
6) Geselino Obschr.
7) Bertoldo Obschr. vgl.Lac. I, 217.

XII.
Regesten des Herzogs Gottfried bis 1064.

1056.	— — Juni 30.	— Trier.	G. söhnt sich mit Heinrich III. aus. Vgl. Giesebrecht II, 658. Zeuge einer Urk. Heinrich's III. Stumpf R. K. 2499.
	Oct. — Anfang Dec.	Andernach.	Zusammenkunft mit Anno, Eberhard von Trier und Pfalzgraf Heinrich. S. Beilage III.
	Dec. 5.	Köln.	Reichstag. G. erhält Tuscien ꝛc. S. Beilage III.
1057.	c. Febr. 12.	—	G. geht nach Italien mit dem Papste Victor und Beatrix. Eckehard. chron. Scr. VI, 31 (incipiente quadragesima).
1058.	März —.	in Tuscien,	wo ihn sein Bruder Papst Stephan aufsucht. Leo II. c. 97. Ann. Rom. p. 470.
	Juni 9.	Florenz.	Sitzt zu Gericht. Rena-Camici 2a, 85. Muraturi Antiq. I, 955.
	Juni —.	in comitatu Aretino.	Sitzt zu Gericht. Rena 2a, 87.
	Juni 15.	in comitatu Clusino.	Sitzt zu Gericht mit Hildebrand. Rena 4, 3.
	Dec. 17.	Lucca.	Sitzt zu Gericht mit Anselm von Lucca. Rena 2a, 84. Muratori Ant. I, 963.[1])
1059.	Dec. — (?) Jan. — (?)	Siena. Sutri.	Wahl des Nicolaus. S. Seite 20. Concil. S. Seite 20.
	Jan. —.	Rom.	Geleitet dorthin den Papst. S. Seite 20, 21.
	Juni —.	in comitatu Aretino.	Sitzt zu Gericht. Rena 2a, 88. Muratori I, 965.
	Sept. 10.	in Burgo Sancti Genesii.	Sitzt zu Gericht. Rena 2a, 90.
1060.	Mai 25.	Rimini.	Sitzt zu Gericht. Tonini Storia di Rimini II, 536.
1061.	— —	Andernach.	Zusammenkunft mit Anno ꝛc. S. Beilage III. [Am 8. Nov. und 1. Dec. hält Beatrix in Italien allein Gericht. Rena 2a; 106 u. 108.]
1062.	Mai —.	bei Tusculum.	Intervenirt zwischen Alexander und Cadalus. Forschungen VI, 506.
	— —	Lucca.	Geleitet dorthin Alexander. a. a. O.
	Sept. 21.	Kesselswald.	Zeuge einer Urk. Heinrich's IV. St. 2611.
1063.	Jan. —.	Rom.	Geleitet dorthin Alexander. Forsch. VI, 510.
	(Mai) —.	—	Kämpft gegen Cadalus. Forsch. VI, 513.
1064.	April 30.	Kaiserswerth.	Zeuge einer Urk. Heinrich's IV. St. 2644.

---

[1]) Die Urk. trägt die Jahreszahl 1058, kann aber nur 1059 ausgestellt sein, worauf auch die Indiction XII weist; denn am 27. Dec. 1057 war Anselm noch in Teutschland. Rena hat die XVI vor Kal. Jan. ausgelassen, ich bin dadurch in meiner Habilitationsschrift de Sancto Annone archiepiscopo Coloniensi (pars prior: usque ad annum 1062) Vratislaviae 1868 p. 16 zu einem Irrthum verleitet worden. — Ich bemerke zugleich, daß die Citate aus Rena-Camici nach dem sehr verbundenen Berliner Exemplar gemacht sind; ein anderes konnte ich leider nicht benutzen.

XIII.

Regesten des Erzbischofes Anno.

1056.	März 3.	Köln.	Anno wird im Beisein Heinrich's III. als Erzbischof von Köln consecrirt. Vita Annonis p. 469. Lamb. ad a. 1056. Ann. Brunwil. ad a. 1056 (M. G. Scr. I, 100.)
	(März 7.)	Kaiserswerth.	Zeuge einer Urk. Heinrich's III. (Stumpf 2496 hält die Urk. mit gutem Grunde für unecht.)
	Sept. 8.	Goslar.	V. Ann. p. 469.
	— —	Andernach.	Zusammenkunft mit Herzog Gottfried, Erzbischof Eberhard von Trier und Pfalzgraf Heinrich. S. Beilage III u. S. 13.
	Dec. 5—6.	Köln.	Reichstag. S. Beilage III u. S. 13, 14.
1057.			
	April 4.	Worms.	Zeuge einer Urk. Heinrich's IV. St. 2534.
	Juni 25.	Saalfeld.	Anno bekundet, daß die Königin Richeza das Schloß Saalfeld mit allem Zubehör und was sie zu Orla besessen, unter Vorbehalt des Nießbrauches, der Kölnischen Kirche geschenkt habe, wogegen er ihr als Precarie die Villen Seckebach ꝛc. verliehen. Lacomblet I, 192.
	Sept. 17.	Kessel.	Intervenirt für Goslar. St. 2546.
	Oct. 5.	Speier.	Gundechari liber pont. Eichstet. M. G. Scr. VII, 246.
1058.			
1059	März 3.	Minden.	Intervenirt für Minden. St. 2553.
	Jan. 21.	Werden.	Anno weiht die dortige Krypte. Bucelini Germania sacra II, 314.
	Nov.—Dec.	—	Anno verschafft seinem Neffen Burchard das Bisthum Halberstadt. Adam. Brem. III. c. 34. Lamb. ad a. 1059.
1056 bis 1059.	— —		Anno erbaut und stattet die Collegiatkirche Maria zu Greben in Köln mit Gütern aus, welche Papst Nicolaus II. am 1. Mai 1059 in seinen Schutz nimmt. Vgl. Lac. I, 195.
1060.	— — (Sommer.)	Andernach.	Zusammenkunft mit Herzog Gottfried, Erzbischof Eberhard von Trier und Pfalzgraf Heinrich. Beilage III.
	Aug. 30.	Worms.	Intervenirt für Bamberg. St. 2589.
	Nov. 18.	Wallhausen.	Intervenirt für Naumburg. St. 2590.
	— —	—	Papst Nicolaus II. wird auf Anno's Betrieb von einer deutschen Synode abgesetzt. Beilage V u. S. 24.
1061.	Aug. 1.	Stablo.	Zusammen mit Agnes. Tri. s. Rem. p. 438.
	— —	Köln.	Uebertragung der Reliquien des heil. Agilolf aus Stablo. Tri. s. Rem. p. 439.
	Oct. 30.	Braunweiler.	Anno weiht das dortige Kloster. Brunwil. mon. fund. Scr. XI, 406.

— —		Köln.	Anno schenkt dem Stifte Maria zu den Greben 10 Talente Gold zu einer Altarplatte, womit sein Ministerial Hermann einen Todtschlag gesühnt. Lac. I, 196.
— —		—	Anno versöhnt Günther von Bamberg mit Agnes. Beilage VI u. S. 27.
1058 bis 1061.	— —	—	Anno nimmt Theil an dem Kriege gegen Graf Florentius von Holland. Vgl. Kluit. Hist. crit. comitatus Hollandiae I, 48 f.
1060 bis 1061.	— —	—	Anno's Fehde mit Pfalzgraf Heinrich, der die Siegburg an ihn abtritt. Beilage VII u. S. 27.
1062.	(Mai —.)	Kaiserswerth.	Entführung Heinrich's IV. S. 30—31.
	— —	Köln.	wohin Heinrich gebracht wird. Lamb. ad a. 1062.
	Juli 13.	Hersfeld.	Int. für Herzog Otto von Sachsen. St. 2607.
	„ 19.	Mainz.	Int. für Bamberg. St. 2608.
	Sept. 21.	Kesselswald.	„ „ „ St. 2609.
	Oct. 24.	Augsburg.	Int. für Mastricht. St. 2611.
	„ 28.	„ „	Int. für Freising. St. 2612.
			Synode, in Folge deren Burchard nach Italien geschickt wird, der Alexander II. nach Rom zurückführt. S. 34.
	„ 29.	„ „	Int. für Kempten. St. 2613.
	Nov. 26.	Regensburg.	Int. für Worms. St. 2614.
	Dec. 12.	„ „	Int. für Salzburg. St. 2616.
1063.			
	März —	Köln.	Anno begräbt die am 21. März gestorbene Königin Richeza in der Kirche Maria zu den Greben. Er beansprucht Clotten. Mon. Brunwil. fund. p. 406—407.
	April 27.	„ „	Anno genehmigt den Precarien-Vertrag, durch welchen die Ehegatten Burchard und Mathilde ihr Gut zu Zündorf der Abtei Deutz übertragen. Lac. I, 199.
	Juni 8.	Goslar.	Lamb. ad a. 1063.
	„ —	„ „	Anno entscheidet den Streit zwischen Hezil von Hildesheim und Widerad von Fulda und den zwischen letzterem und seinen Mönchen. Lamb. ad a. 1063. S. 37.
	„ 24.	Allstädt.	Int. für Ravenna. St. 2621.
	„ —	„ „	Anno wird magister, Adalbert von Bremen patronus des Königs. Beilage VIII und S. 38.
	„ 27.		Int. für Adalbert. St. 2622.
	Juli 14.	Goslar.	Heinrich IV. schenkt Anno' auf Bitten Adalbert's, Engelhard's von Magdeburg und Burchard's von Halberstadt den neunten Theil aller Reichsgefälle zur beliebigen Vertheilung unter die Kölnschen Klöster. St. 2623.
	„ 17.	„ „	Int. für Minden. St. 2624.
	„ 30.	„ „	Int. für Magdeburg. St. 2626.
	Aug. 7.	Goslar.	Int. für Halberstadt. St. 2627.
	„ 20.	Erlangen.	„ „ „ St. 2628.

Beilagen.

	Oct. 24.	in Deutschland. Regensburg.	Während Heinrich's Ungarnzuge, um die Reichsgeschäfte zu leiten. Adam. Brem. III. c. 42.
	„ 25.	„	Int. für Adalbert. St. 2631 u. 2632.
	„ —	„	Int. für Passau. St. 2633.
	— —	—	Versammlung der Fürsten und Bischöfe; das Concil zu Mantua wird beschlossen. S. 40.
	— —	—	Anno verschafft seinem Bruder Wecilo das Erzbisthum Magdeburg. Adam. Brem. III. c. 34. Vgl. S. 41.
	Dec. 25.	Köln.	Heinrich feiert dort Weihnachten. Berth. ad a. 1064.
1059 bis 1063.	— —	—	Anno begräbt den ehemaligen Herzog Conrad von Kärnthen in der Kirche Maria zu den Greden. Mon. Brunwil. fund. p. 399.
1064.			
	Jan. 17.	Tribur.	Int. für Bremen u. Mainz. St. 2638. 2639.
	Febr. 24.	Basel.	Int. für Maria-Einsiedeln. St. 2642.
	April 15.	Lüttich.	Zeuge einer Urk. Heinrich's. St. 2643 (hält die Urk. für unecht).
	„ 30.	Kaiserswerth.	Int. für Utrecht. St. 2644.
	Mai 2.	„	„ „ St. 2645.
	„ 31.	Mantua.	Concil. S. 42 ff.
	Juli 11.	Alstädt.	Int. für Gernrode und Naumburg. St. 2646. 2647.
	„ 19.	Goslar.	Int. für Hildesheim. St. 2649.
	— —	(Köln.)	Erste Stiftungsurkunde Anno's für das Kloster Siegburg. Lac. I, 202.
1065.			
	März 29.	Worms.	Anwesend bei Heinrich's Wehrhaftmachung. S. 46.
	April 4.	Mainz.	Int. für Verdun. St. 2660.
	(April — Mai)	in Lothringen.	Rüstet sich mit Herzog Gottfried zum Römerzuge. S. folgend.
	(Juni —)	—	Brief an Papst Alexander. Giesebrecht III, 1191. S. 47.
	Juni 29.	Trier.	Int. für St. Maximin. St. 2674. 2675. Tri. s. Rem. p. 439.
	„ —	„	Anno erhält vom Könige die Abteien von Malmedy, Cornelismünster und Vilich geschenkt. S. 49.
	Aug. 8.	Tribur.	Heinrich IV. schenkt auf Adalbert's Bitten der Abtei Siegburg das Dorf Mengede. St. 2678.
	— —	Köln.	Anno ernennt Tegeno zum Abte von Malmedy. S. 49.
	— —	Goslar.	Tri. s. Rem. p. 443.
	— —	—	Brief an Alexander. Giesebrecht III, 1203. S. 50.
1066.			
	Jan. —	Tribur.	Adalbert gestürzt. S. 52.
	„ —	—	Versammlung der Fürsten, in welcher Anno den König auffordert, dem Papste Alexander Genugthuung zu leisten. S. 53.
	(März —)	—	Brief an Alexander. Giesebrecht III, 1192. S. 54.
	März 12.	Reinbach.	Int. für Pomposia. St. 2691.
	— —	Aachen.	Tri. s. Rem. a. a. O.

Anno II. der Heilige, Erzbischof von Köln. 8

1067.	April — Mai Sept. 22. — — — — — — [Sommer] (Aug. —) Oct. 22. — —	— Siegburg. — — — Saalfeld. Aachen. Köln. „	Anno verschafft seinem Neffen Cuno das Erzbisthum Trier. S. 55. Einweihung des Klosters, dessen Stiftung Alexander am 15. Mai bestätigt hatte. V. Ann. p. 476. Lac. I, 206. Anno's Brief an Adalbert von Bremen. S. 57. Anno's Brief an Alexander. Giesebrecht III, 1194. S. 57. Zweite u. dritte Stiftungsurkunde für Siegburg. Lac. I, 203. Anno hält sich daselbst in dem von ihm gestifteten Kloster auf. Tri. s. Rem. p. 447. Int. für Kaiserswerth. St. 2712—2713. Anno weiht die Krypte zu St. Gereon. Moerckens Catalogus episc. Colon. 94. Anno botirt die von ihm gebaute Stiftskirche St. Georg. Lac. I, 209.
1068.	Jan. — — — — — März 23. Mai 29. Juli 30.	Köln. InOberitalien. Rom. „ Soest. —	Anno weiht den Bischof Benno von Osnabrück. Vita Bennonis M. G. Scr. XII, 67. Ann. Alt. ad a. 1068. Tri. s. Rem. p. 448. S. 61. Anno muß wegen der Zusammenkunft mit Cadalus öffentlich Buße thun. a. a. O. Wohnt der Ostersynode bei. Ann. Alt. a. a. O. Heinrich IV. schenkt der Abtei Siegburg ein Gut zu Eschmar auf Bitten der Bischöfe Siegfried von Mainz, Wecilo von Magdeburg, Burchard von Halberstadt, der Herzöge Rudolf von Schwaben und Otto von Sachsen „ac per devotissimum predicti archiepiscopi caritatem et servicium." St. 2715. Anno befreit auf Bitten der Aebtissin Gerberge den Hof Witenhusen von aller Zehntpflicht. Seibertz' Urkundenbuch 31. Anno bekundet, daß er im Auftrage Kaiser Heinrich's III. verfügt, niemand dürfe sich den Zehnten der in Westphalen, Ostphalen oder Engern gelegenen Salhusen der Abtei Werden anmaßen. Lac. I, 211.
1069.	Oct. 22. — — Aug. 29. Oct. 7. „ 8.	Köln. Mühlhausen. Köln. Frankfurt. „	Einweihung der Capelle von St. Gereon. Moerckens a. a. O. Anno Zeuge des Vergleichs über den Zehnten zwischen dem Erzbischofe von Mainz und dem Abte Widerab von Fulda. St. 2722. Einweihung von St. Gereon. Moerckens a. a. O. Heinrich IV. schenkt Anno' einen Wildbann an der Ruhr. St. 2726. Heinrich IV. nimmt auf Anno's Bitten das Kloster Siegburg in seinen Schutz. St. 2727.

1070.	Dec. 29.	Freising.	Int. für Bamberg. St. 2732.
	— —	Rom.	Anno wegen Simonie vorgeladen. Lamb. ad a. 1070.
	— —	Rom im Lateran.	Int. mit Agnes in einer Bulle Alexander's für das Kloster Fructuaria. Jaffé R. P. 3452.
	— —	Fructuaria.	S. 64.
	— —	Susa.	V. Ann. 481.
	Mai 12.	Siegburg.	Setzt die Reliquien des heil. Innocenz und Vitalis bei. V. Ann. a. a. O.
1071.	Juni 16.	St. Goar.	Int. für Fructuaria. St. 2735.
	April 24.	Köln.	Heinrich IV. daselbst. Lamb. ad a. 1071.
	Mai 8.	Lüttich.	Anno wird genöthigt, Malmedy an Stablo zurückzugeben. E. 67.
	„ 11.	„	Int. für Lüttich. St. 2743.
	— —	Saalfeld.	Lamb. ad a. 1071.
	Oct. 4.	Merseburg.	Heinrich IV. verleiht der Abtei Siegburg die Strafgerichtsbarkeit auf den abteilichen Villen u. s. w. St. 2747.
	Dec. 29.	Worms.	Int. für Kaiserswerth. St. 2751. (Lac. I, 216 falsch zu 1072.)
1072.	— —	—	Anno übergiebt Saalfeld die Parochialkirchen Neuenhof, Crolip u. Langenschade. Schultes Coburg-Saalfeld. Landesgesch. Urk.-Buch 1.
	April 1.	Köln.	Heinrich IV. daselbst. Lamb. ad a. 1072. S. 70.
	„ 8.	Utrecht.	Lamb. a. a. O.
	„ 27.	Aachen.	Int. für Aachen. St. 2756.
	Mai 23.	Köln.	Anno schenkt den Brüdern zu St. Martin den Zehnten des Hofes zu Weiß ꝛc. Ennen und Eckertz Quellen zur Gesch. der Stadt Köln I, 482.
	— —	Stoppenberg.	Anno weiht die dortige Kirche. Vgl. Lac. I, 217.
	Juli 25.	Worms.	Anno legt für Herzog Rudolf Bürgschaft ein, der sich von den gegen ihn erhobenen Beschuldigungen reinigt. Der Kölner Cleriker Eberhard wird Bischof von Parma. S. 72.
	Dec. 25.	Bamberg.	Lamb. ad a. 1073. S. 72.
	„ —	„	Anno kauft die Reliquien des heil. Benignus. V. Ann. p. 482.
	— —	—	Stiftungsurkunde für Kloster Grafschaft. Seibertz a. a. O. 32. Schultes a. a. O. 3.
1073.	Jan. 29.	Köln.	Anno verleiht seinem Capellan Heinrich von Essen ein Benefiz zu Kempen ꝛc. Lac. I, 217.
	Febr. 17.	Siegburg.	Beisetzung der Reliquien des heil. Benignus. V. A. p. 483.
	(Juli — Aug.)	—	Anno vom Könige ersucht, für ihn mit den Sachsen zu unterhandeln. S. 77.

8*

	Sept. 13. D. 20 b. 22.	Hohenburg. Gerstungen.	} Unterhandlungen mit den Sachsen. S. 78 ff.
	Oct. 27.	Würzburg.	Int. für Regensburg. St. 2768.
1074.	J. 12 b. 18. Febr. 2. April 23.	Corvey. Gerstungen. Köln.	Unterhandlungen mit den Sachsen. S. 82. Vertrag der Sachsen mit dem Könige. S. 83. Aufstand der Kölner Bürger. S. 85 ff. Anno flieht nach
	„ 24.	Neuß.	a. a. D.
	„ 26.	Köln.	Anno zieht daselbst ein. a. a. D.
	Juni —	„	Anno bannt die flüchtigen Kölner. S. 88.
	„ —	—	Anno schreibt an Ubo von Trier über seine gebannten Unterthanen. Sudendorf Registrum I, 5.
	— — — —	Andernach. Köln.	Zusammenkunft mit Heinrich IV. S. 89. Anno reinigt sich von der Beschuldigung, mit Wilhelm von England im Bunde zu stehen. S. 89 f.
	Oct. 3.	„	Translation der heil. Ewalde in das St. Cunibertstift. Lac. I, 218.
	„ „	„	Anno schenkt dem St. Cunibertstifte Gefälle in Soest u. s. w. Lac. I, 218.
	— —	—	Anno begabt Saalfeld mit Gütern aus dem Allod der Königin Richeza. Schultes a. a. D. 5.
1075.	Febr. 2. April 5.	Hersfeld. Köln.	V. Ann. p. 496. Anno absolvirt die gebannten Bürger. Lamb. p. 240.
	Juli 29.	„	Anno beurkundet seine Stiftung der Collegiatkirche zu den Greben. Lac. I, 220. Ennen und Eckertz a. a. D. 485.
	— —	„	Anno weiht den Bischof Heinrich von Lüttich. Chron. s. Huberti Andag. M. G. Scr. VIII, 587.
	Aug. 18.	„	Anno beurkundet, daß ein gewisser Amelricus den Brüdern zu St. Martin die Kirche in Stamheim geschenkt. Ennen und Eckertz a. a. D. 486.
	Sept. 29.	Siegburg.	Anno zum letzten Male dort anwesend. V. Ann. p. 499.
	Dec. 4.	Köln.	Anno stirbt. V. Ann. p. 503.
1056 bis 1075.	— —	—	Anno bestätigt die Bestimmung der Gräfin Irmenthrud, laut welcher sie die Propstei zu Rees der erzbischöflichen Kirche übergeben u. s. w. Lac. I, 222.
„ „	— —	—	Anno übergiebt dem Stifte zu Gesecke die St. Cyriaksirche daselbst. Seibertz a. a. D. 31.
1066 bis 1075.	— —	—	Anno verleiht das der Abtei Siegburg gehörige Gut zu Sülz dem Edelmanne Dioderich und dessen Gemahlin zur Precarie gegen deren Besitzung zu Kirchscheid. Lac. I, 221.

1073 bis 1075.	— —	—	Anno botirt den Altar, welchen er auf päpstlichen Befehl über dem Grabe Heribert's in der von diesem gegründeten abteilichen Kirche zu Deutz errichtet, mit Grundstücken und Zehnten zu Vorsbach u. f. w. Lac. I, 224.
1073 bis 1075.	— —	—	Anno schenkt zu seinem Seelengedächtnisse der Abtei Deutz zwei Mansen nebst der Fischerei daselbst. Lac. I, 226.
1074 bis 1075.	— —	—	Anno bestätigt, daß die Ehegatten Adalbert und Gertrud dem Kloster Siegburg Ewenheim geschenkt haben gegen die Nutznießung anderer Güter auf Lebenszeit. Beilage XI.

www.ingramcontent.com/pod-product-compliance
Lightning Source LLC
Chambersburg PA
CBHW020130170426
43199CB00010B/711